새

연세한국어
듣기와 읽기 6-2

연세대학교 한국어학당 편

연세대학교 출판문화원

머리말

연세대학교 한국어학당은 1959년에 설립된 한국 최초의 외국어로서의 한국어 교육 기관이다. 연세대학교 한국어학당은 그간의 역사와 명성에 걸맞게 다양한 한국어 교재 편찬 및 관련 연구를 해옴으로써 한국어 교육을 선도해 왔다. 지금까지 전 세계에서 온 약 150여 개국의 17만여 명에 이르는 한국어 학습자에게 한국어와 한국 문화를 가르쳐 왔으며, 최근에는 빠른 속도로 변화해 가는 교육 환경에 맞추어 오프라인 한국어 교육뿐만 아니라 온라인 한국어 교육 콘텐츠 개발에도 노력을 기울이고 있다. 이미 세계 각국의 한국어 학습자를 대상으로 글로벌 온라인 대중 공개 강좌(MOOC)를 개설하여 학습자들로부터 큰 호응을 얻었고 연세대학교 온라인 교육 혁신 플랫폼인 런어스(LearnUs)에도 최신 기술을 활용한 한국어 콘텐츠를 올려서 학습자들을 만나는 중이다.

연세대학교 한국어학당은 그간 일반 목적 한국어 학습자들뿐만 아니라 특수 목적 한국어 학습자들을 대상으로 정규과정, 단기과정, 대학 한국어 과정 등 다양한 교육과정을 개설 운영하면서 학습자의 요구에 부응하는 최상의 교재를 개발해 왔다. 이러한 교재들은 국내외의 한국어 교육 기관에서 교사와 학습자들의 다양한 요구를 충족시키며 양질의 한국어 교수·학습을 위해 널리 사용되고 있다.

연세대학교 한국어학당은 그간 가장 큰 호응을 받아 왔던 '연세한국어' 1급~6급의 뒤를 이을 새로운 교재로 '새 연세한국어' 시리즈를 기획 출간하게 되었다. 이 교재의 개발을 위해 한국어 교육 현장 경험이 풍부한 전문 한국어 교육학자 및 교사들이 대거 투입되었고 최상의 한국어 교수법 및 학습자 집단의 요구에 대한 이해를 바탕으로 개발 작업이 장기간에 걸쳐 수행되었다.

이번에 출간된 '새 연세한국어' 시리즈는 총 6단계로 각 단계마다 어휘와 문법 교재, 말하기와 쓰기 교재, 듣기와 읽기 교재로 구성되어 있다. '새 연세한국어 어휘와 문법'은 한국어 학습자들이 각 숙달도별로 가장 필수적으로 익혀야 하는 주요 어휘와 문법에 대한 이해와 활용을 중심으로 구성되었다. '새 연세한국어 말하기와 쓰기'는 원활한 한국어 의사소통을 위해 꼭 필요한 표현 기능을 수행할 수 있도록 말하기, 쓰기 과제를 중심으로 구성되었다. 또한 '새 연세한국어 듣기와 읽기'는 듣기, 읽기 과제를 중심으로 각 급별 숙달도에 적절한 이해 능력을 함양시킬 수 있도록 구성되었다. 이 세 권의 교재는 어휘·문법, 표현, 이해 능력의 고른 발달을 위해 패키지로 함께 사용될 수도 있고, 교육 현장 여건이나 학습자의 요구에 따라 별도로 사용될 수도 있다. 또한 어휘와 문법 교재의 경우 별도의 지침서가 무료로 제공되므로 교육 경험이 다소 부족한 국내외의 한국어 교사들에게 유용한 길잡이가 될 수 있을 것이다.

연세대학교 한국어학당은 앞으로도 전 세계의 한국어 학습자들의 요구와 기대에 부응하는 교재 개발을 위해 최선을 다할 것이다. 아울러 본 교재가 국내외에서 한국어 교육을 위해 노력을 아끼지 않는 많은 교사와 한국어 학습을 위해 노력하는 모든 학습자들에게 크게 도움이 되기를 바란다.

연세대학교 언어연구교육원

한국어학당 교재편찬위원회

일러두기

01 이 책은 <새 연세한국어 어휘와 문법 6-2>, <새 연세한국어 말하기와 쓰기 6-2>과 함께 한국어 고급 학습자들이 사용하도록 구성된 교재이다.

02 이 책은 한국어 고급 학습자들이 한국어로 된 글을 읽거나 이야기를 듣고 이해할 수 있는 능력을 키울 수 있도록 구성된 이해 능력 개발 교재이다.

03 이 책은 총 20과이며 각 과는 2개의 소단원으로 구성되어 있다. 그리고 2개 과마다 앞에서 학습한 내용을 복습할 수 있는 복습 10개와 한국 문화에 대한 소개 글 10편을 실었다. 각 소단원은 50분 수업 분량으로 이 책은 총 50회의 수업을 진행하도록 구성되어 있다.

04 이 책의 각 소단원은 '제목, 학습 목표'와 '준비해 봅시다, 들어 봅시다(읽어 봅시다), 정리해 봅시다'의 3단계로 구성되어 있다. 각 소단원은 읽기 또는 듣기 기능을 수행하도록 구성되어 있으며 전체적으로 읽기 능력과 듣기 능력을 균형 있게 향상시키도록 구성되어 있다.

05 각 과와 소단원의 제목은 <새 연세한국어 어휘와 문법 6-2>과 동일하다.

06 '학습 목표'는 '-에 대한 글을 읽고 이해할 수 있다' 또는 '-에 대한 이야기를 듣고 이해할 수 있다'와 같이 이해 기능이 드러나도록 기술되어 있다.

07 '준비해 봅시다'는 각 소단원의 들어가기에 해당되며 해당 단원의 읽기나 듣기 내용의 이해를 돕기 위한 준비 단계이다. 소단원의 주제에 대한 배경지식을 환기시키는 시각 자료와 질문으로 구성되어 있다.

08 '들어 봅시다'는 짧은 이야기 듣기에서 시작해서 긴 이야기 듣기로 내용을 순차적으로 확대하여 제시하였다. 강의, 강연, 뉴스, 방송, 토론, 발표 등 한국어 고급 학습자에게 유용한 장르로 구성되어 있으며 공식적이고 사회적인 맥락을 고려한 듣기 내용으로 제시되어 있다.

09 '읽어 봅시다'는 한국어 고급 학습자에게 필요한 읽기 자료를 다양하게 제시하였다. 기사, 설명문, 수필, 시나리오 등 공식적이고 사회적인 맥락에서 접할 수 있는 내용의 실용문을 통해서 읽기 능력을 향상시키는 데 초점을 두고 있다.

10 '정리해 봅시다'는 마무리 단계로서 각 소단원에서 학습한 내용을 학습자 스스로 확인하고 점검하며 다른 언어 능력과의 통합 교육을 통해서 한국어 능력을 강화하도록 구성되어 있다.

11 '복습'은 정리하고 마무리하는 단계로서 선행 학습한 2개 과의 주제와 관련된 읽기나 듣기 활동으로 구성되어 있으며 해당 내용을 파악하는 질문을 제시하였다.

12 '문화'에는 선행 학습한 2개 과의 주제와 관련된 한국 문화를 소개함으로써 한국에 대한 이해를 돕도록 구성되었으며 학습자들이 자신의 의견을 소개할 수 있도록 관련된 질문을 제시하였다.

13 부록에는 듣기 지문과 모범 답안, 어휘 색인, 참고 자료 목록을 제시하였다.

단원구성

<table>
<tr><th>과</th><th>제목</th><th>학습 목표</th><th>문화</th></tr>
<tr><td rowspan="2">11과
문화 유산과 전통</td><td><1>
세계의 유산</td><td>석굴암에 대한 글을 읽고 이해할 수 있다.</td><td rowspan="4">한국의 탈춤</td></tr>
<tr><td><2>
전통의 재창조</td><td>전통의 현대화에 대한 이야기를 듣고 이해할 수 있다.</td></tr>
<tr><td rowspan="2">12과
기후와 계절</td><td><1>
한국의 기후</td><td>한국의 기후에 대한 글을 읽고 이해할 수 있다.</td></tr>
<tr><td><2>
기후 변화</td><td>기후 변화에 대한 이야기를 듣고 이해할 수 있다.</td></tr>
<tr><td rowspan="2">13과
현대 사회와 미래 사회</td><td><1>
현대 사회와 인간</td><td>인간 소외 현상에 대한 글을 읽고 이해할 수 있다.</td><td rowspan="4">의인상</td></tr>
<tr><td><2>
미래 사회의 모습</td><td>미래 사회에 대한 이야기를 듣고 이해할 수 있다.</td></tr>
<tr><td rowspan="2">14과
한국인의 정서와 사상</td><td><1>
한국의 전통 윤리</td><td>한국의 전통 윤리에 대한 이야기를 듣고 이해할 수 있다.</td></tr>
<tr><td><2>
현대인의 가치관</td><td>직업인을 인터뷰한 글을 읽고 이해할 수 있다.</td></tr>
<tr><td rowspan="2">15과
예술과 문화</td><td><1>
창조와 예술</td><td>비디오 예술가 백남준에 대한 글을 읽고 이해할 수 있다.</td><td rowspan="2">나혜석의 '자화상'</td></tr>
<tr><td><2>
현대 사회와 문화 콘텐츠</td><td>문화 콘텐츠에 대한 이야기를 듣고 이해할 수 있다.</td></tr>
</table>

과	제목	학습 목표	문화
16과 남북의 현실	<1> 언어의 이질성	남북한 의사소통 방식의 차이에 대한 글을 읽고 이해할 수 있다.	나혜석의 '자화상'
	<2> 분단과 통일	모의 남북 회담을 듣고 이해할 수 있다.	
17과 인간과 환경	<1> 환경 오염과 보호	환경 오염과 보호에 대한 글을 읽고 이해할 수 있다.	
	<2> 환경 문제와 자원	환경 문제와 자원에 대한 이야기를 듣고 이해할 수 있다.	국립 생태원
18과 한국의 문학과 예술	<1> 한국 문학의 이해	한국 수필을 읽고 이해할 수 있다.	
	<2> 한국 미술의 이해	한국 풍속화에 대한 글을 읽고 이해할 수 있다.	
19과 세계와 경제	<1> 세계 속의 기업	다국적 기업에 대한 글을 읽고 이해할 수 있다.	
	<2> 무역 협정과 세계	자유 무역에 대한 글을 읽고 이해할 수 있다.	재벌
20과 과학과 미래	<1> 첨단 과학과 생활	미래 사회를 상상한 글을 읽고 이해할 수 있다.	
	<2> 융합의 시대	융합에 대한 이야기를 듣고 이해할 수 있다.	

차례

등장인물 | Main characters

에릭 파커
- 미국
- 한국어학당 학생
- 한국전자 직원

존 카마우
- 케냐
- 한국어학당 학생
- 교환 학생

사토 유키
- 일본
- 한국어학당 학생
- 기자

리타오
- 중국
- 한국어학당 학생
- 대학 입학 예정자

노라 한슨
- 노르웨이
- 한국어학당 학생
- 대학원 입학 예정자

최주앙
- 브라질
- 한국어학당 학생
- 대학 휴학생

응웬 흐엉
- 베트남
- 한국어학당 학생

레오 마르탱
- 프랑스
- 한국어학당 학생
- 요리사

올리비아 스미스
- 호주
- 한국어학당 학생
- 외교관

이윤아
- 한국
- 대학생

정하늘
- 한국
- 대학생

김우진
- 한국
- 한국전자 직원

새 연세한국어

듣기와 읽기 6-2

문화유산과 전통

1. 세계의 유산

MP3 / 26

• 학습 목표: 석굴암에 대한 글을 읽고 이해할 수 있다.

I. 준비해 봅시다

1 여러분이 알고 있는 한국의 문화유산이 있습니까?

수원 화성

강화도 고인돌

경주 첨성대

2 여러분이 소개하고 싶은 고향의 문화유산에는 어떤 것이 있습니까?

만리장성

타지마할

자유의 여신상

피라미드

런던 타워

피사의 석탑

Ⅱ. 읽어 봅시다

다음 글을 읽고 질문에 답하십시오.

토함산 자락을 따라 오르다 보면 작은 암자에 도착하게 된다. 평범하게 보이는 이 암자의 안으로 들어가 보면 국가의 안녕과 백성의 평안을 바라며 만든 신라의 보물, 석굴암이 자리를 잡고 있다. 석굴암의 완벽한 대칭 구조와 아름다움은 오랜 시간이 지난 지금도 많은 사람의 감탄을 자아낸다. 삼국유사에 따르면 석굴암은 불교가 가장 왕성하던 8세기, 신라 경덕왕 10년(751)에 건축이 시작되어 혜공왕 10년(774)에 완공되었다고 한다. 신라 건축 예술의 신비를 담고 있는 석굴암은 1995년 그 역사적, 미적, 과학적 가치를 인정받아 유네스코 세계 문화유산으로 등재되었다.

석굴암은 인도와 중국에서 꽃피웠던 석굴 사원 양식을 본떠서 만들어졌다. 인도와 중국의 경우는 자연 암벽을 뚫어 그 안에 공간을 만들었는데 이렇게 만들어진 석굴은 사실 건축물이라기보다는 조각이라고 보는 것이 옳다. 하지만 단단한 화강암이 주를 이루는 한반도의 산에서는 그렇게 정교한 조각 기술을 사용하는 것이 용이하지 않았다. 그래서 석굴암은 돌을 쌓아 올리는 방식으로 만들어졌다. 인공적인 석굴의 경우 위쪽 흙 무게로 인하여 자칫하면 석굴이 무너져 내릴 위험이 있는데 신라인은 석굴암 천장을 반구형으로 설계함으로써 그 무게를 분산하여 지탱하도록 하였다. 반구형 천장은 이와 같이 건축 공학적인 역할을 담당할 뿐만 아니라 미적으로도 석굴암의 우아함을 더한다.

암자 평안 대칭 자아내다 화강암 정교하다 반구형 설계하다

석굴암을 축조할 때 천장의 무게 외에 굴의 습기도 해결해야 할 문제였다. 더욱이 석굴암이 자리한 토함산은 구름과 안개가 많이 생기는 곳이기에 석굴암 보존을 위해서는 습기를 제거하는 것이 필수였다. 습기 문제 해결을 위하여 신라인은 돌과 돌 사이에 작은 틈을 만들어 통풍이 잘되도록 하고, 바닥에는 차가운 물이 흐르도록 하였다. 바닥을 지나는 차가운 물은 석굴 내부의 습기가 바닥에 모여 땅속에 스며들게 함으로써 내부의 습기를 낮추는 역할을 했다. 덕분에 바깥의 습도나 온도에 상관없이 석굴 내부는 늘 차갑고 건조한 공기로 쾌적한 상태를 유지할 수 있게 되었다.

물론 석굴암이 세계인의 주목을 끄는 이유가 그 축조 기술 때문만은 아니다. 석굴암 안에 놓인 부처의 석상은 이곳이 만들어진 당시 신라의 놀라운 예술성을 보여 준다. 석굴암의 불상은 석가모니가 깨달음을 얻은 순간을 조각한 것인데 평온한 미소를 띠고 있는 부처님의 얼굴에는 자연스러운 생명력이 넘쳐흐른다. 그리고 석상의 옷은 얼굴과 어깨를 드러내며 부드럽게 흘러내려서 우아한 생동감을 느끼도록 한다. 이와 같이 석굴암 곳곳에서 확인되는 신라인의 미적 수준과 그것을 표현하는 기술은 지금과 비교해 봐도 손색이 없어 놀라울 따름이다.

하지만 석굴암은 역사의 혼란 속에서 일부가 무너지고 천장도 크게 파손되었었다. 훼손된 석굴암을 몇 차례에 걸쳐서 보수하고자 하는 움직임이 있었지만 이러한 시도들은 오히려 석굴암을 더욱 훼손시키고 말았다. 1913년부터 1915년 사이 처음으로 시도되었던 전면 수리는 습기 문제를 심화시켜 모든 조각상에 곰팡이를 피우게 했다. 이후의 복구 작업 역시 습기 문제 해결에는 실패했고 현재는 기계를 이용하여 석굴암 내부의 온도와 습도를 조절하고 있다. 결국 석굴암 내부의 완벽한 복원은 미래의 숙제로 남겨지게 되었다.

1 각 단락의 중심 내용입니다. 빈칸에 알맞은 말을 쓰십시오.

단락	중심 내용
첫 번째	석굴암의 위치와 가치
두 번째	석굴암의 정교한 1) ________
세 번째	석굴암 내부의 2) ________ 을/를 없애기 위한 방법
네 번째	석굴암의 3) ________ 가치
다섯 번째	현재 석굴암과 앞으로의 과제

띠다　손색　시도되다

2 글의 내용과 같은 것을 고르십시오. (　　)

① 신라의 석굴은 중국과 같은 방법으로 만들어졌다.
② 석굴암의 천장은 무게를 분산하기 위한 구조이다.
③ 돌 사이의 틈은 석굴암 내부를 건조하지 않게 한다.
④ 기술의 발달로 현재 석굴암은 완벽하게 복원되었다.

3 신라인은 석굴암의 습기 문제를 어떻게 해결했습니까?

1) ______________________________

2) ______________________________

4 석굴암을 본 후의 반응으로 적절한 것을 고르십시오. (　　)

① "과학이 발전해서 이제는 보존의 고민이 다 해결됐구나."
② "암벽을 뚫어 그 안에 석굴암을 만든 기술이 대단하다."
③ "무게를 분산시키는 석굴암의 둥근 천장이 참 아름답더라."
④ "신라 시대 건축물을 그 모습 그대로 보존했다니 정말 멋지다."

III. 정리해 봅시다

문화유산을 오랜 시간 보존하고 지키기 위해서 각계각층이 어떤 노력을 해야 할까요?

11과 문화유산과 전통

2. 전통의 재창조

MP3 / 27

• 학습 목표: 전통의 현대화에 대한 이야기를 듣고 이해할 수 있다.

Ⅰ. 준비해 봅시다

1 전통문화를 현대적으로 변화시키는 것에 대해서 어떻게 생각합니까?

퓨전으로 물든 한국의 전통문화... "현대화·세계화" vs. "정체성 훼손"

현대화·세계화 중인 전통문화... 문화 정체성 훼손 우려도
문화 변동 불가피... 우리 것을 지켜 내는 세계화 전략 필요해

"진정한 한류는 전통문화의 현대화로"

'지나친 상업화' 전주 한옥 마을의 위기... 정체성 복원 시급

"모던·퓨전 한식은 정체성 없는 음식"

"전통문화의 현대화로 문화·산업 함께 발전"

2 여러분 나라에서는 전통을 계승하기 위해서 어떤 노력을 합니까?

Ⅱ. 들어 봅시다

[1] 듣고 질문에 답하십시오.

1 들은 내용과 같은 것을 고르십시오. (　　)

① 생활 한복은 그동안 젊은이들에게 큰 사랑을 받아 왔다.
② 한복이 인기를 끌며 아이돌들도 한복을 무대 의상으로 선정했다.
③ 현대적 가창으로 국악을 새롭게 바꾸어 부른 곡이 호응을 얻고 있다.
④ 전문가들은 최근 전통문화에 대한 새로운 해석을 긍정적으로 바라본다.

[2~3] 듣고 질문에 답하십시오.

2 '지화자'는 어떤 장르의 음악을 합니까?

3 들은 내용과 같은 것을 고르십시오. (　　)

① '지화자' 소리꾼들은 한복을 입고 서서 공연한다.
② '지화자'의 최근 영상은 높은 조회 수를 기록했다.
③ '지화자'는 전통 음악 고유의 예술성을 고집한다.
④ '지화자'는 다양한 음악 스타일을 시도할 예정이다.

영역　호응하다　가창법　금지　자극하다　소리꾼　연주가　고수　전개되다
감각적　무용수　동선　조율　역동적

[4~6] 다시 듣고 질문에 답하십시오.

4 들은 내용으로 알 수 없는 것을 고르십시오. (　　)

① 밴드가 인기를 끌게 된 이유
② 처음 밴드를 시작하게 된 배경
③ 밴드가 앞으로 계획하고 있는 공연
④ 밴드가 생각하는 한국 음악 시장의 특징

5 '지화자'의 공연에 대한 관객 반응으로 적절한 것을 고르십시오. (　　)

① "가사가 익숙해서 그런지 따라 부르기가 참 편하더라고."
② "'지화자' 음악은 귀로만 듣지 말고 눈으로도 함께 봐야 해!"
③ "남녀 간의 사랑 노래를 새롭게 해석하려는 시도가 신선한데."
④ "음악과 춤이 딱딱 맞는 걸 보면 사전에 연습을 철저하게 했나 봐."

6 '지화자'의 성공 요인은 무엇입니까?

적당한 1)____________과/와 적당한 2)____________의 조화

Ⅲ. 정리해 봅시다

여러분 나라의 전통문화 중에서 현대적으로 재창조해 보고 싶은 것은 무엇입니까? 이야기해 봅시다.

12과 기후와 계절

1. 한국의 기후

MP3 / 28

• 학습 목표: 한국의 기후에 대한 글을 읽고 이해할 수 있다.

Ⅰ. 준비해 봅시다

1 한국의 기후는 어떤 특징이 있을까요?

2 여러분 나라는 어느 기후대에 속해 있습니까? 기후가 어떻습니까?

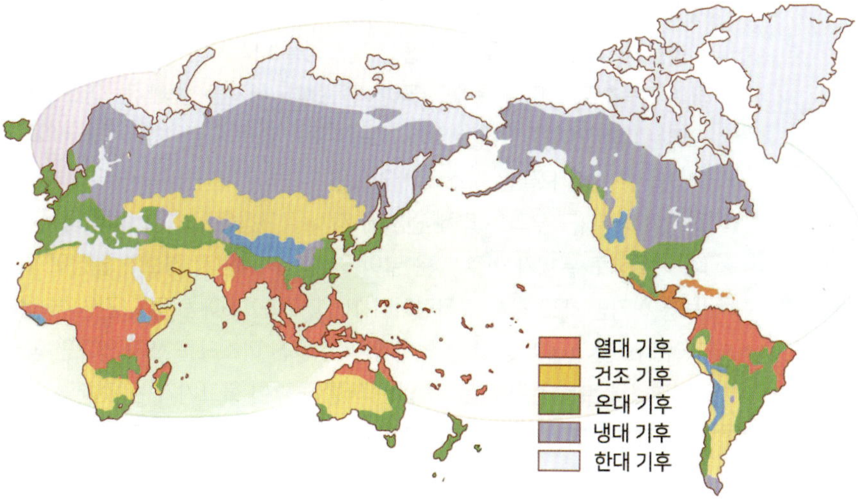

Ⅱ. 읽어 봅시다

다음 글을 읽고 질문에 답하십시오.

한국의 기후가 갖는 특성을 말할 때 '사계절'을 빼놓을 수 없다. 왜 사계절이 있는지, 왜 사계절의 날씨가 그러한지 학창 시절에 배운 것은 다 잊었지만 한 해 한 해 봄, 여름, 가을, 겨울을 맞고 보내며 나이가 들어 간다.

아직 동장군이 기승을 부리는 겨울이지만 학생들은 곧 다가올 개학을 앞두고 마지막 방학을 즐기거나 아니면 새 학기를 준비하느라 분주한 모습이다. 12월부터 2월까지 혹독한 겨울을 보내면서 입에 달고 사는 말이 있다. '삼한 사온'. "'삼한 사온'이니까 며칠만 견디면 날씨가 좀 풀릴 거야.", "그렇게 춥더니 오늘은 날씨가 좀 풀렸네, '삼한 사온'은 기가 막히게 잘 맞는다니까." 이렇게 위로하고 안도하며 지내다 보면 거짓말같이 두꺼운 외투를 정리해 넣을 날이 온다.

봄은 만물의 소생을 알리며 조용히 시작된다. 며칠 전 나는 베란다에서 키우는 나의 반려 식물, 아기 꽃사과나무를 보고는 탄성을 지르고 말았다. 죽은 줄 알았던 작은 나뭇가지에서 더 작은 잎들이 뾰족뾰족 혀를 내밀고 있었던 거다. 생명을 느끼는 순간의 경이로움, 반가움은 형언할 수 없는 기쁨이다. 밖은 아직 춥지만 곧 사방의 생명들도 겨울잠에서 깨어 이렇게 새순을 틔우겠지.

3월 중순이 되면 본격적으로 꽃이 피기 시작한다. 노란 개나리를 시작으로 봄꽃들이 줄지어 봉오리를 터뜨린다. 하지만 겨울옷을 모두 치우기에는 아직 이르다. 변덕스럽기로 유명한 봄 날씨에는 '꽃샘추위'가 복병처럼 숨어 있기 때문이다. 어렵게 핀 꽃들을 시샘하듯 갑자기 기온이 뚝 떨어지곤 하는데 4월 말에 눈이 온 적도 있었으니 그해엔 겨울이 단단히 샘이 났던 모양이다.

봄을 생각하면 양산을 받쳐 들고 꽃구경을 나서시던 할머니가 생각난다. 물론 양산에도 꽃이 가득했고 할머니 옷에도 꽃이 가득했다. 하지만 할머니는 마스크를 챙기지 않으셨다. 그때는 미세 먼지를 알리는 일기 예보가 필요 없던 시절이었다. 그저 따가운 봄 햇살을 걱정하셨을 뿐 아마 오늘날 마스크가 없으면 외출하기 불안해하는 우리 모습은 상상도 못 하셨을 것이다. 지금 우리는 미세 먼지에 지쳐 꽃구경은커녕 집 밖에 나서기도 꺼려질 때가 많다. 겨울에도 날씨가 아주 추운 날이 아니면 미세먼지 경보가 일상이 되었다. 심하지 않고 '보통'이기만 해도 감사할 지경이니 10년, 20년 뒤에는 어떨 것인가! 갑자기 영화의 한 장면이 떠오른다. 흙바람이 쉼 없이 일어나 방진 마스크를 쓰지 않으면 숨조차 쉴 수 없는 공기, 영화를 보는 순간 나는 물 없는 어항에 갇힌 물고기가 된 것처럼 공포를 느꼈었다. '우리가 저런 곳에서 살아야 한다면…….' 그런데 그 공포가 점점 현실이 되어 가는 느낌이다.

동장군　기승　분주하다　혹독하다　안도하다　소생　뾰족뾰족　형언하다
틔우다　본격적　줄짓다　복병　시샘하다　경보　지경　방진

안 좋은 봄철 공기와 '밀당'을 하다 보면 이른 더위가 찾아온다. 하지만 이른 더위라는 말도 이제 어울리지 않는다. 그냥 여름이다. 긴 여름이 일찍 시작된다. 찬란하던 봄은 더 이상 찬란하지 않게, 소생의 기쁨도 잠시, 그렇게 봄은 황사에 누렇던 하늘만 기억에 남긴 채 물러가고 그 틈에 '신록의 계절'이니 '계절의 여왕'이니 화려한 이름을 자랑하던 5월은 반갑지 않은 이른 여름으로 불쑥 찾아온다. 이제 여름에 에어컨이 없는 생활은 상상할 수 없다. 옛 조상들은 모시옷에 죽부인, 대청마루만 있으면 여름을 날 수 있었다는데 정말 그렇게 지낼 수 있었을까? 혹시 더워도 과학이 발달하지 않아서 그냥 무던히 참고 살았던 것이 아닐까? 의심스럽기까지 하다.

한국의 여름은 유난히 덥고 습하다. 전국이 가마솥같이 펄펄 끓는다는 가마솥더위, 찜통더위에 밤에도 기온이 25℃ 이하로 내려가지 않아 열대야에 시달리게 된다. 시민들은 밤에 잠자기를 포기하고 밖으로 나가 밤을 새우곤 한다. 이 정도 더위가 되면 또다시 의심이 든다. '여름은 강수가 집중되는 계절인데 왜 소나기조차 내리지 않는 걸까? 비라도 한줄기 뿌리면 시원할 텐데.' 보통은 6월 말부터 7월 말까지 장마가 들었었는데 요즘은 왠지 비가 잘 안 온다. 사실 장마철이 되면 생활이 불편하고 태풍이라도 동반하면 피해가 더 커지기 때문에 반갑지 않은 날씨이긴 하다. 그런데 언제부턴가 여름이 끝나 가도록 장마가 오지 않아 장마를 기다리게 됐다. 원래 장마는 시기가 꽤 정확해서 사람들이 보통 여름휴가를 계획할 때 그때를 피해서 날짜를 잡곤 했었는데 이젠 도대체 언제 휴가를 떠나야 할지 모르겠다. 9월에 장마가 들어 '가을장마'라는 말까지 새로 생겼으니 말이다.

에어컨에 의지해 하루하루 버티다 보면 진짜 고마운 가을이 온다. 파랗고 높은 하늘, 청명한 날씨는 정말 신이 주는 선물 같다. 날씨는 쾌적하고 먹을 것은 넘치는, 그야말로 풍요의 계절이어서 말은 살찌고 인간은 독서를 한다. 그런데 이토록 아름다운 계절이 긴 무더위 탓에 이제는 너무 짧아져서 눈 깜짝할 사이에 지나가 버린다. 가을은 아주 잠깐 편안한 기억을 남기고는 겨울에게 곧 자리를 내준다. 그러니 가을이 오고 파란 하늘을 볼 수 있는 날이라면 무조건 당장 밖으로 나가서 그날을 만끽해야만 한다.

해가 갈수록 한국이 아열대 기후가 되어 가는 것 같다. 지구의 기온이 점점 올라가서 이대로 계속된다면 2100년에는 한반도 면적의 약 52%가 아열대 기후 지역이 된다는 기사를 본 적이 있다. 가끔 아열대 기후의 아름다운 휴양지를 생각하며 친구들과 즐거운 상상을 농담처럼 나누기도 한다. 하지만 이 모든 게 지구의 과열에 의한 것이라니 얼마나 무서운 일인가! 나의 손자의 손자들도 이 아름다운 사계절을 느낄 수 있기를 바란다. 책으로만 사계절을 배우게 되지는 않기를 소망해 본다.

찬란하다　신록　불쑥　무던히　만끽하다

1 이 글에 대한 설명으로 맞지 않는 것을 고르십시오. (　　)

① 글쓴이는 날씨가 좋은 가을이 예전에 비해 짧아져서 아쉬워한다.
② 글쓴이는 한국이 점점 아열대 기후가 되어 가는 것을 반가워한다.
③ 글쓴이는 공기가 좋던 봄 날씨를 그리워하면서 할머니를 회상했다.
④ 글쓴이는 계절에 대한 사실적 정보와 개인적 경험을 같이 서술했다.

2 각 계절의 특징을 모두 찾아서 쓰십시오.

동장군　열대야　꽃샘추위　삼한 사온　찜통더위　만물의 소생　청명한 날씨　풍요의 계절

계절	특징	계절	특징
봄		가을	
여름		겨울	

3 글의 내용과 같은 것을 고르십시오. (　　)

① 4월이면 완전한 봄이 되기 때문에 겨울옷을 정리해도 된다.
② 할머니는 봄에 미세먼지 때문에 마스크를 꼭 쓰고 외출하셨다.
③ 한반도 전체는 2100년이 되면 전국이 아열대 기후대에 속하게 된다.
④ 요즘은 장마철이 불규칙해서 휴가 날짜를 정할 때 혼란스럽다.

4 밑줄 부분의 표현 방식이 보기 와 같은 것을 고르십시오. (　　)

보기

4월에 눈이 온 적도 있었으니 그해엔 겨울이 단단히 샘이 났던 모양이다.

① 그야말로 풍요의 계절이어서 말은 살찌고 인간은 독서를 한다.
② 나는 물 없는 어항에 갇힌 물고기가 된 것처럼 공포를 느꼈었다.
③ 나뭇가지에서 더 작은 잎들이 뾰족뾰족 혀를 내밀고 있었던 거다.
④ 안도하며 지내다 보면 거짓말같이 두꺼운 외투를 정리해 넣을 날이 온다.

III. 정리해 봅시다

여러분 나라의 날씨는 어떻게 변화하고 있습니까? 미래의 날씨와 우리 생활 변화에 대해서 이야기해 봅시다.

12과 기후와 계절

2. 기후 변화

MP3 / 29

• 학습 목표: 기후 변화에 대한 이야기를 듣고 이해할 수 있다.

Ⅰ. 준비해 봅시다

1 기후가 예전과 달라진 것을 심각하게 느낀 적이 있었습니까? 기후가 달라지면서 어떤 문제가 생겼습니까?

기후 변화에 대한 인지도·체감도·심각성 (단위: %)

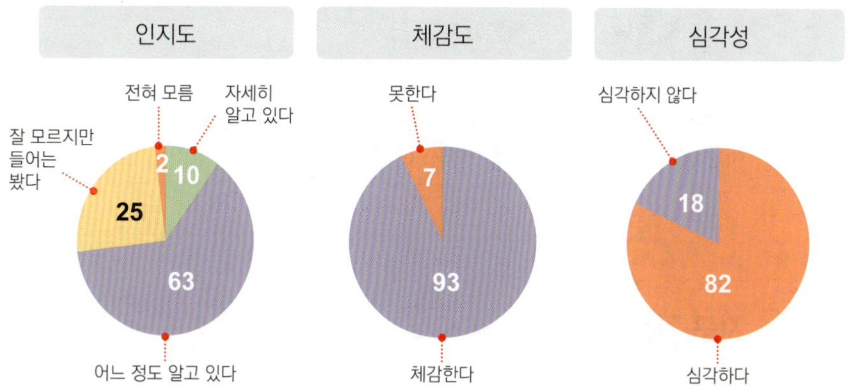

2 기후 변화의 원인이 무엇이라고 생각합니까? 자연적 요인과 인위적 요인 중에 무엇의 영향이 더 크다고 생각합니까?

기후 변화의 원인

자연적 요인		인위적 요인	
 태양과 지구의 거리 변화	 화산 활동	 산업화	 숲의 훼손
↓ 태양 에너지 변화		↓ 온실가스 배출로 지구 온난화 유발	

인위적

II. 들어 봅시다

[1] 듣고 질문에 답하십시오.

1 세계 각지에 나타난 기후 관련 이상 현상을 정리하십시오.

지역	기후와 관련된 이상 현상	원인
러시아	1) ________ 의 습격	
미국 북서부	계속되는 2) ________ 과/와 50℃가 넘는 폭염	
미국 남부	4시간에 800mm가 넘는 폭우	조절되지 않는
미국 중부	폭염에 이은 3) ________	5) ________ 속도
한국	기록적인 4) ________	
서유럽, 일본, 중국	관측 사상 최대 폭우	

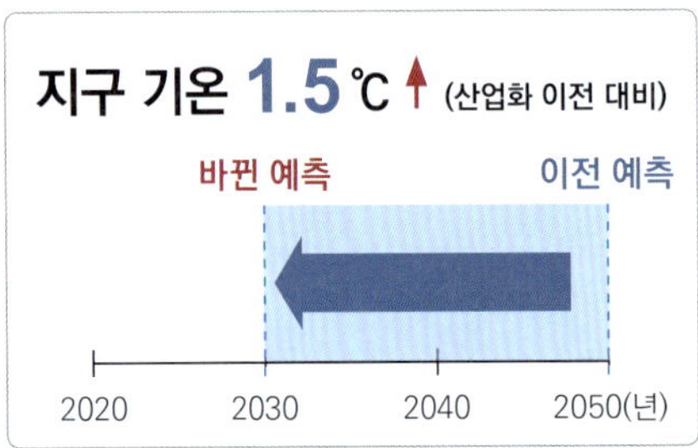

[2~3] 듣고 질문에 답하십시오.

2 강연을 하는 목적은 무엇입니까? (　　)

① 기후의 변화 원인을 설명하려고　② 기후 위기의 심각성을 알리려고
③ 기후의 자연적 변화를 막으려고　④ 기후 정책의 변화를 홍보하려고

3 지구 기온 상승의 결과가 아닌 것을 고르십시오. (　　)

① 물과 식량 부족　② 해안 저지대 수몰
③ 탄소 배출량 증가　④ 극단적 이상 기후

끔찍하다　진화　극한　해수면　재앙　실화　방화　파국　극단적　지대
수몰되다　치명적　기근　탄소 중립　재생　감지하다

[4~6] 다시 듣고 질문에 답하십시오.

4 들은 내용과 같은 것을 고르십시오. (   )

① 앞으로 경제 성장은 인간의 편의를 우선으로 이뤄져야 한다.
② 지구 기온 상승은 산업 혁명 이후 3도까지는 감당할 만했다.
③ 인간이 초래한 기후 위기는 언제든 스스로 해결할 수 있다.
④ 기존의 산업 방식을 탄소 중립에 도움이 되도록 바꿔야 한다.

5 강연을 바르게 이해한 사람의 말을 고르십시오. (   )

① “지구 기온이 1도 정도 상승한 건 우리가 체감할 수 없구나.”
② “지구 기온이 1.5도 상승한 건 그래도 다시 회복될 수 있구나.”
③ “지구는 일정 온도를 넘으면 스스로 온도 변화를 못 하는구나.”
④ “지구 위기를 막기 위해서는 미래 세대의 교육에 힘써야겠구나.”

6 기온 상승으로 발생되는 문제입니다. 빈칸을 채우십시오.

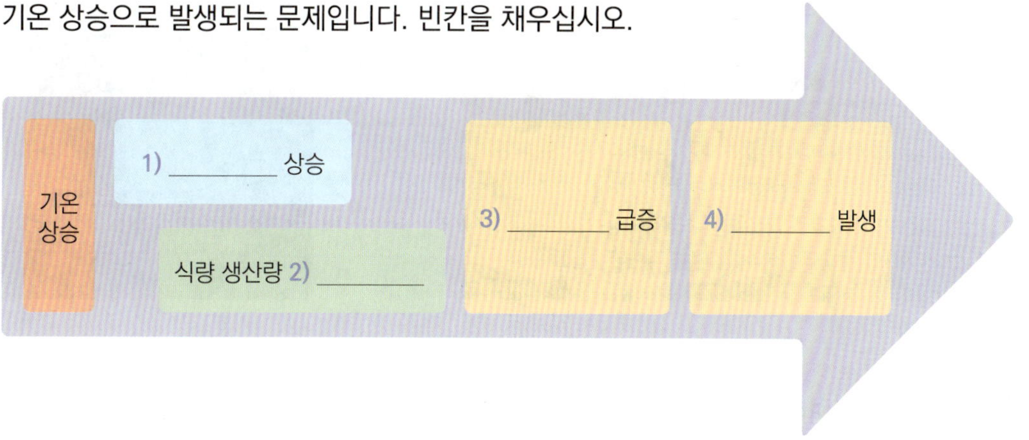

Ⅲ. 정리해 봅시다

여러분 나라는 기후 변화에 대해 어떻게 대응하고 있습니까? 우리는 어떤 노력을 할 수 있을까요? 이야기해 봅시다.

증폭시키다　둔감하다

복습

MP3 / 30

다음 이야기를 듣고 질문에 답하십시오.

1. 수업 시간에 그린 작품은 어느 것입니까? (　　)

① 

② 

③ 

④ 

2. 여러분은 어떤 전통 문화 수업에 참여해 보고 싶습니까?

민화　부귀영화　인화하다

한국의 탈춤

탈은 얼굴을 감추거나 달리 꾸미는 데 쓰려고 종이나 나무 등으로 만든 물건을 가리킨다. 사람이나 동물 모양의 탈을 얼굴에 쓰고 춤을 추면 탈춤이 된다. 몇 해 전 한국의 유명 가수가 공연 중 한국의 전통 탈춤 동작을 선보여 국내에서뿐만 아니라 전 세계적으로도 한국의 탈춤이 주목을 받기도 했었다.

한반도에서 탈춤은 역사가 아주 오래되었는데 고구려의 벽화나 역사서인 『삼국사기』를 보면 삼국 시대에 이미 탈춤이 존재했음을 알 수 있다. 삼국 시대의 탈춤은 주술적 제의와 대동 놀이에 등장했고 고려 시대에는 잡귀를 물리치는 의식으로 행해졌으며 조선 시대에는 지역별 특색을 갖춘 놀이 문화로서 자리 잡게 되었다. 특히 조선 시대에는 탈춤 공연을 관리하는 관청인 '나례도감'까지 설치되었고 조선 후기에 이르러서는 판소리와 함께 대중 공연으로도 널리 향유되었다.

탈춤은 무용, 음악, 연극의 요소가 전부 들어 있는 종합 예술인 동시에 관객들의 동조나 야유 같은 반응이 필수적으로 어우러져야 하는 적극적인 소통의 예술이다. 지역별로 다양한 탈춤이 이어져 오고 있는 가운데 '하회 별신굿 탈놀이', '봉산 탈춤' 등 현재 13개의 탈춤이 한국의 국가 무형 문화재로 지정되었다. 그중 가장 널리 알려진 것은 안동의 '하회 탈춤(정식 명칭은 하회 별신굿 탈놀이)'으로 정월대보름에 마을의 안녕과 농사의 풍년을 기원하면서 이 탈춤을 추었다고 한다.

한국의 탈춤은 부조리한 사회 문제들을 풍자와 해학으로 공론화한다는 특징을 지닌다. 게다가 부조리와 갈등을 단순히 드러내고 풍자하는 것에 그치지 않고 화해의 춤으로 마무리함으로써 공동체의 조화를 꾀한다. 한국의 탈춤이 지닌 화해와 조화의 정신은 문화유산으로서의 가치를 더 빛나게 한다.

1. 한국 탈춤의 특징이 무엇입니까?
2. 여러분 나라에도 전통적인 탈춤이 있습니까?

주술적 제의 대동 잡귀 물리치다 관청 동조 야유 부조리하다 해학 공론화하다

13과 현대 사회와 미래 사회

1. 현대 사회와 인간

MP3 / 31

• 학습 목표: 인간 소외 현상에 대한 글을 읽고 이해할 수 있다.

I. 준비해 봅시다

1 대도시에는 어떠한 사회 문제가 있습니까?

2 대도시의 사회 문제를 해결하기 위해서 어떤 노력이 필요합니까?

II. 읽어 봅시다

다음 글을 읽고 질문에 답하십시오.

* 영상을 발췌, 가공한 것으로 오리지널 대본과 차이가 있음.

무브 투 헤븐 6화

회상1
#1. 아파트 주차장
산처럼 쌓인 택배를 정리 중인 경비원 인수.
입주민 남자1이 경적을 누르곤 차에서 내리며 말한다.

남자1 **주차하고 트렁크에서 골프 가방 좀 꺼내 주세요.**
인수 **네! 사장님.**

골프 가방을 메고 달리듯 걸어가는 인수.
그때 다른 차에서 내리던 입주민 여자1이 인수를 부른다.

여자1 **아저씨! 이 짐 좀 올려다 주세요.**
인수 **네, 사모님. 잠시만요.**

멀리 현관 입구에서 남자1이 소리친다.

남자1 **아저씨! 엘리베이터 왔잖아! 빨리 갖고 와요!**
여자1 **가는 길에 얼른 같이 가져가면 되겠네.**

우왕좌왕하는 인수가 여자1의 차에서 쇼핑백과 상자까지 꺼내 품에 가득 안고 걸어가는데 남자1이 다시 재촉한다.

남자1 **뭐해요! 빨리 오라니까! 거 몇 걸음 된다고, 나 참 답답해서!**
인수 **네! 갑니다!**

뒤늦이 서둘러 가는 인수, 그때 갑자기 달려오는
스포츠카 한 대. 빵!
바닥에 떨어지는 골프 가방과 쇼핑백, 그리고
쓰러진 경비원 인수의 모습.
사람들 소리치며 달려오는데 골프 가방과
쇼핑백만 걱정한다.
쓰러진 인수 옆 사람들. 스포츠카에서 내린
젊은 남자의 괴성.

남자2 **아우! 눈 똑바로 뜨고 다니라고! 아이씨! 내 차 어떡할 거예요?**

경적 트렁크

회상2
#2. 경비실
매우 더운 여름날. 벽에 걸린 온도계는 40도를 나타낸다.

민지 할아버지! 좀 나와 보세요!

경비실에서 나오는 인수와 에어컨 배달 상자 앞에서 웃고 있는 여중생 민지.

민지 짜잔! 경비실 에어컨 왔어요!
인수 아이구, 민지야! 이게 무슨 일이야?
민지 제가 친구들이랑 모금했어요. 그래도 좀 많이 부족했는데 부모님이 생일에 받을 용돈, 미리 보태 주셨어요. 좋죠? 이제 시원하겠죠?
인수 세상에, 정말 네가 이걸 여기 달아 준다고?

이때 입주민 남자1이 소리치며 뛰어온다.

남자1 거기. 잠깐! 학생! 누구 맘대로 이런 거 하래?
민지 네? 이거 제 돈으로 산 건데요?
남자1 달기만 하면 되나? 여기 에어컨 설치하면 전기료는 누가 내?
민지 그게 얼마나 나온다고.
남자1 하루 종일 돌리면 5만 원이 나올지 10만 원이 나올지 학생이 알아? 그것도 학생이 낼 거야? 그럼 달고.
민지 설사 10만 원이 나온다고 해도, 우리 동만 30가군데, 관리비 3천 원만 더 내면 되잖아요.
남자1 적어도 여름 삼 개월이니 만 원은 되겠지. 한 집에 만 원 누가 낸다고 동의했어? 난 못해. 나도 아까워서 에어컨 맘껏 못 트는데, 내가 왜 내?
인수 사장님. 진정하시고. 저희가 틀더라도 아주 더운 날만 잠깐.
남자1 그걸 누가 믿어요? 인간이란 게 있으면 쓰고 싶고, 편하고 싶지. 아저씨도 그래요, 그렇게 더우면 아저씨들 사비로 달고 전기료도 내고, 나중에 떼 가면 되잖아. 에어컨도 주민이 사, 전기료도 주민 돈으로 내. 무슨 거지 근성이야?
인수 말씀이 좀 지나치십니다.
남자1 지나친 거 하나 없어요. 매사에 그런 식으로 남의 덕만 바라니까, 평생 경비나 하고 사는 거예요. 부끄러운 줄 모르고.
인수 알겠습니다. 에어컨은 안 틀겠습니다.
민지 (울 듯) 할아버지!

남자1이 가고 민지를 다독이며 웃어 주는 인수

인수 괜찮아. 민지 마음만 받을게. 고마워.

모금하다 보태다 사비 거지 근성

1 무엇에 대한 이야기입니까? (　　)

① 사회 소수자 차별 문제
② 청소년 비행과 방황 문제
③ 가정에서의 아동 학대 문제
④ 사회 계층 간 인간 소외 문제

2 글의 내용과 같은 것을 고르십시오. (　　)

① 경비원 인수는 남자2의 차에 치여 크게 다쳤다.
② 이 아파트 경비실에는 냉방 시설이 잘되어 있다.
③ 민지는 인수를 위하여 친구들과 모금 활동을 했다.
④ 경비원들은 사비를 모아 경비실에 에어컨을 달았다.

3 글을 바르게 이해한 사람의 말을 고르십시오. (　　)

① "소통이 부족한 탓에 이런 사회적 문제가 생기는 거구나."
② "우리 사회에 노인 문제가 심각하다는 것을 처음 알았어."
③ "그동안 나 자신만 생각하고 가족을 돌보지 않았던 것 같아."
④ "청소 노동자 분들께 상냥하지 못했던 것 같아서 죄송하다."

4 등장인물의 감정에 대한 설명으로 맞는 것을 고르십시오. (　　)

① 남자2는 자신의 실수를 인정하며 미안해하고 있다.
② 여자1은 인수에게 일을 시키는 것을 당연하게 여긴다.
③ 남자1은 경비원의 열악한 근무 환경을 안타까워한다.
④ 인수는 남자1의 말을 듣고 자신의 부족함을 부끄러워한다.

Ⅲ. 정리해 봅시다

여러분 나라에서는 사회적 약자를 지원하기 위해서 어떤 제도를 운영합니까?

비행　방황　학대

13과

현대 사회와 미래 사회

2. 미래 사회의 모습

MP3 / 32

• 학습 목표: 미래 사회에 대한 이야기를 듣고 이해할 수 있다.

Ⅰ. 준비해 봅시다

1 앞으로 미래 사회는 어떠한 모습으로 변화할까요?

2 희망찬 미래를 만들기 위해서 어떤 준비가 필요합니까?

희망차다

Ⅱ. 들어 봅시다

[1] 듣고 질문에 답하십시오.

1 들은 내용과 같은 것을 고르십시오. (   )

① '시간 이탈자'는 크게 흥행하지 못했다.
② '시간 이탈자'의 두 남자는 기억을 공유한다.
③ '내일로'에는 운전자가 없는 대중교통 수단이 나온다.
④ '내일로'의 사물 인터넷은 네티즌 사이에서 큰 화제가 되었다.

[2~3] 듣고 질문에 답하십시오.

2 『미래 사회 보고서』에는 어떤 내용이 담겨 있습니까? (   )

① 온라인 플랫폼의 역사
② 인공 지능 기술의 현황
③ 미래 사회에 대한 예측
④ 경제 상황에 대한 전망

3 들은 내용과 같은 것을 고르십시오. (   )

① 이 책은 미래 사회 연구소에서 만들었다.
② 미래 사회에는 더 다양한 직업이 생긴다.
③ 인공 지능이 육체노동을 대체하기 시작했다.
④ 플랫폼을 기반으로 지역 상권이 강화될 것이다.

극장가 강력계 형사 아득하다 저자 진지하다 예측하다 거대화 종속되다

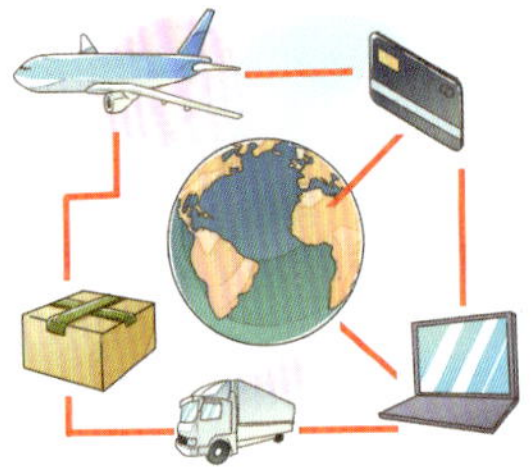
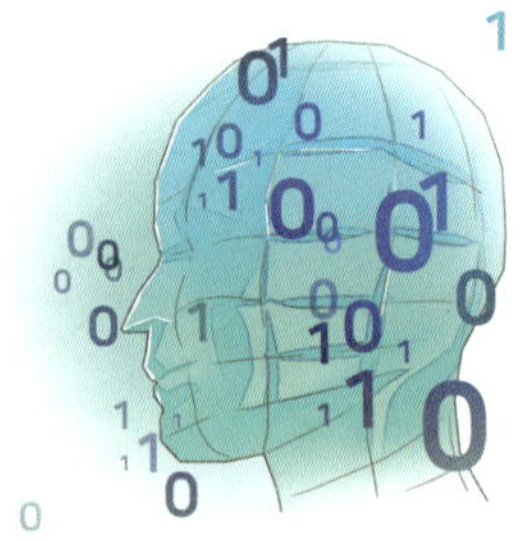

[4~6] 다시 듣고 질문에 답하십시오.

4 들은 내용으로 알 수 <u>없는</u> 것을 고르십시오. (　　)

① 최근 플랫폼의 변화 추세
② 가상 현실 발전이 가져올 효과
③ 인공 지능과 플랫폼의 상관관계
④ 미래 사회에 요구되는 직업 적성

5 미래 사회를 이해하기 위한 세 가지 키워드는 무엇입니까?

________________, ________________, ________________

6 책의 내용을 바르게 이해한 사람의 말을 고르십시오.

① "플랫폼의 발달로 일자리가 늘어나겠네."
② "더 치열하게 경쟁해야 할지도 모르다니."
③ "각각의 변화 요인을 분리해서 이해해야 하는구나."
④ "일하지 않아도 행복한 사회라니 정말 기대가 돼."

Ⅲ. 정리해 봅시다

미래 사회에서 좋은 직업을 얻기 위해서 어떤 준비를 할 수 있을까요?

14과 한국인의 정서와 사상

1. 한국의 전통 윤리

MP3 / 33

• 학습 목표: 한국의 전통 윤리에 대한 이야기를 듣고 이해할 수 있다.

Ⅰ. 준비해 봅시다

1 유교의 영향을 받은 나라를 알고 있습니까? 유교 문화권 국가는 어떤 공통점이 있는 것 같습니까?

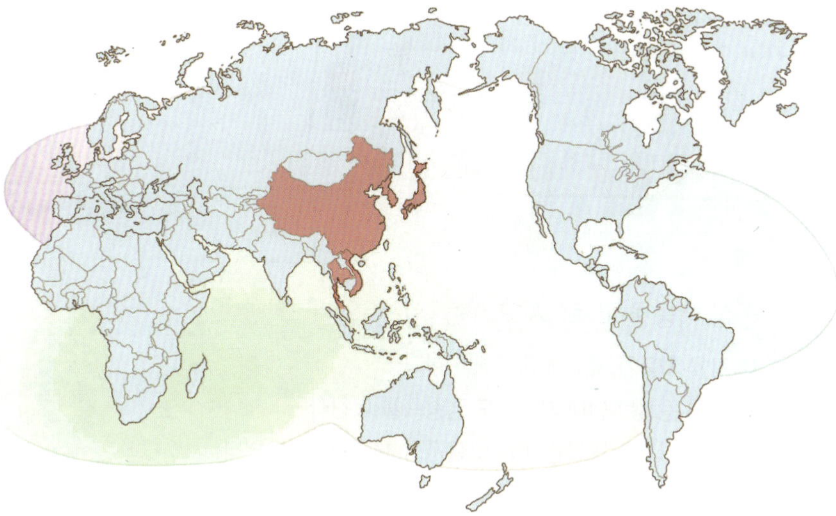

2 전통 윤리가 미래 사회에도 계속 영향을 끼칠 것이라고 생각합니까?

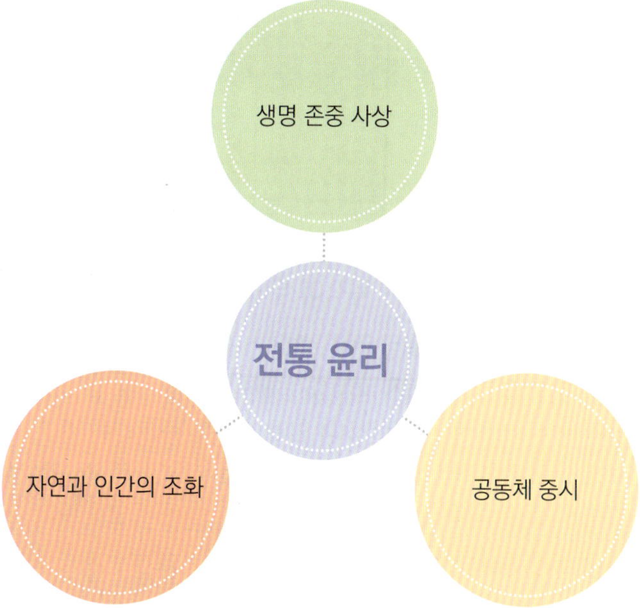

Ⅱ. 들어 봅시다

[1] 듣고 질문에 답하십시오.

자율 자동차는 어떻게 해야 할까요?

자율 자동차 윤리 기계(Moral Machine) 분석 결과 비교

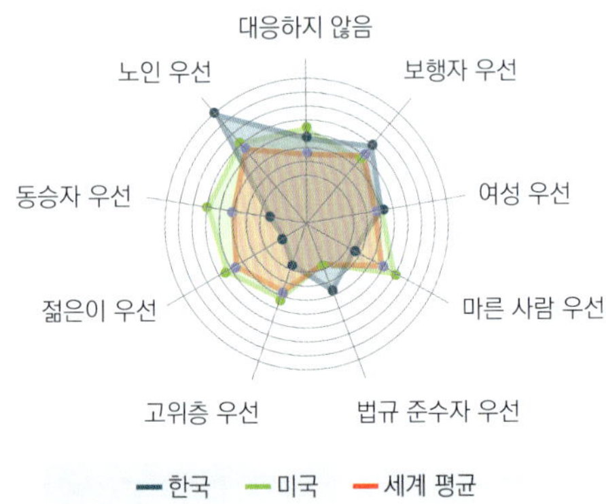

1 중심 내용을 고르십시오. (　　)

① 자율 자동차 사고에 대비해야 한다.
② 전통 윤리는 현대 사회에도 영향력을 미친다.
③ 윤리 기계 프로그램이 사회 문제를 해결해 줄 수 있다.
④ 유교 문화권에서는 타 문화권에 비해서 더 노인을 공경한다.

[2~3] 듣고 질문에 답하십시오.

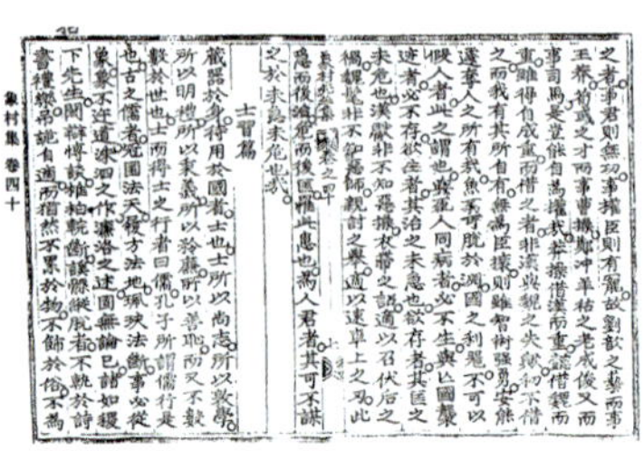

2 신흠이 '선비 풍습'을 쓴 목적이 무엇인지 고르십시오. (　　)

① 선비가 되는 방법을 알려 주기 위해서
② 선비가 무슨 일을 하는지 소개하기 위해서
③ 시대에 따라 선비상이 달라져야 함을 주장하기 위해서
④ 올바르지 못한 선비를 비판하고 선비의 윤리를 일깨우기 위해서

탑승자　보행자　윤리 기계　다급하다　문신　한문학　조예　탁월하다　의롭다
품행　관　옥　도　거침없다　변론　궤변　탐욕스럽다

3 신흠이 정의하는 선비란 어떤 사람을 말합니까? 빈칸을 채우십시오.

선비란 1) ______________ 을/를 지닌 사람으로서 나라에 유용하게 쓰이기를 기다리는 사람을 말한다. 선비는 늘 2) ______________ 을/를 높이 세우고 3) ______________ 을/를 게을리하지 않고 4) ______________ 을/를 밝히며 5) ______________ 게 행동한다. 선비라면 성품이 훌륭하고 욕심이 없으며 부끄러워할 줄 알아야 한다.

[4~6] 다시 듣고 질문에 답하십시오.

4 들은 내용과 같은 것을 고르십시오. (   )

① 조선 시대의 선비들은 모두 예의범절을 잘 따랐다.
② 탐욕스러운 선비였어도 나라 일을 맡으면 잘 해냈다.
③ 조선 시대 유생들의 옷차림에는 아무런 격식이 없었다.
④ 권세만 좇는 선비가 도굴꾼보다 사회에 더 큰 피해를 끼친다.

5 잘못된 선비의 행실을 고치는 것과 관계없는 것을 고르십시오. (   )

① 정사를 바로잡는다.
② 떳떳한 정치를 한다.
③ 임금이 하늘의 이치를 바꾼다.
④ 효도하고 공손함의 도를 지킨다.

6 이 방송을 듣고 할 수 있는 말을 고르십시오. (   )

① "글쓴이가 선비가 되지 못해서 안타까워."
② "글쓴이는 선비라고 뽐내는 사람들을 부러워했구나."
③ "선비들은 보통 권력을 가진 사람들을 가까이하지 않았구나."
④ "이제 선비는 없지만 선비 윤리는 현대인도 따라야 할 것 같아."

Ⅲ. 정리해 봅시다

전통 윤리 중의 하나인 유교가 현대 사회에 끼친 영향에 대해서 이야기해 봅시다.

세속　기풍　우쭐대다　도굴꾼　볼썽사납다　기세가 등등하다　위축되다　정사
이치　교화

14과 한국인의 정서와 사상

2. 현대인의 가치관

MP3 / 34

• 학습 목표: 직업인을 인터뷰한 글을 읽고 이해할 수 있다.

Ⅰ. 준비해 봅시다

1 직업에 대한 가치관이 과거와 달라졌다고 생각합니까? 그 이유는 무엇입니까?

〈고등학생 희망 직업 순위〉

〈2012년〉

순위	직업
1	교사
2	회사원
3	공무원
4	간호사
5	연예인
6	공학 관련 엔지니어
7	의사
8	요리사
9	경찰
10	컴퓨터 관련 전문가

〈2021년〉

순위	직업
1	교사
2	간호사
3	군인
4	컴퓨터 공학자/소프트웨어 개발자
5	경찰
6	공무원
7	의사
8	생명 과학자 및 연구원
9	경영자(CEO)
10	의료·보건 관련직

*교육부 통계 자료

2 여러분은 사무직(정신노동)과 기술직(육체노동) 중 어느 쪽을 원합니까?

20~30대 10명 중 8명 조건 맞으면 '기술직' 한다.

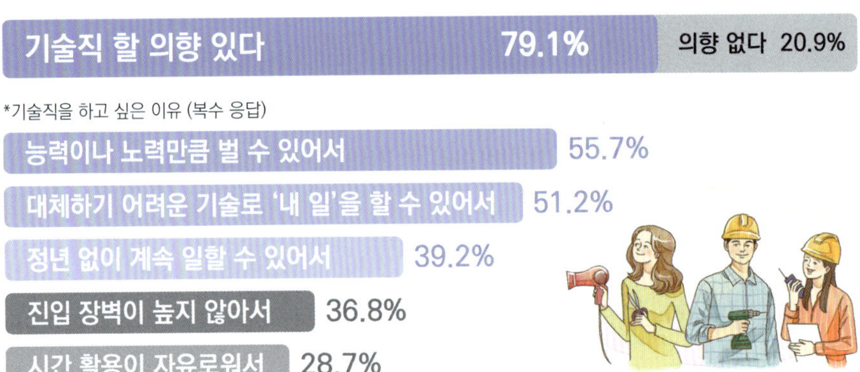

*출처: 브레이크 뉴스, 사람인

의향

II. 읽어 봅시다

다음 글을 읽고 질문에 답하십시오.

남의 시선에서 벗어나 나를 찾아가는 방법

직업에는 귀천이 없다는 말이 있다. 어떤 직업이든지 우리 사회에 필요하고 그 가치의 경중을 따질 수 없다는 것이다. 그러나 현실은 어떠한가? 우리 사회에서는 육체노동 직업을 그다지 귀히 여기지 않는다. 몸을 쓰는 일은 교육 수준이 낮은 사람들이나 하는 것이라는 인식이 강하다. 이런 사회의 고정 관념을 깨고 자신이 택한 길을 묵묵히 걸어가고 있는 청년이 있다. 소위 명문대 출신이나 현재 도배사로 당당히 일하고 있는 배윤슬 씨와 직업에 대한 이야기를 나누어 보았다.

질문 배윤슬 씨는 연세 대학교에서 사회 복지학을 전공했다. 사회 복지 학과에 진학한 이유가 있나?

답변 명문대에 진학하기 위해 성적에 맞춰 사회 복지 학과를 선택했다는 주변의 오해를 사곤 한다. 그러나 나는 고등학교 3년 내내 사회 복지 학과 진학을 꿈꿨다. 학창 시절 공부에만 집중할 수 있었던 것은 내 노력이나 능력으로 얻은 기회가 아니라고 생각한다. 그런 환경을 보장받지 못하는 이들도 많으니까. 그래서 그런 기회를 얻지 못한 사람들에게 내가 누린 것들을 나누고 싶어 사회 복지 학과에 진학했다.

질문 졸업 후 2년간 노인 복지관에서 일했을 때 직장 생활은 어땠나? 그리고 퇴직을 결심한 이유는 무엇인가?

답변 학창 시절부터 원했던 일이었기에 실제로 일을 할 때도 즐겁고 만족스러웠다. 당시 첫 업무로 노인들의 일자리와 관련된 업무를 맡았었다. 내가 담당했던 어르신이 백오십 분이었는데 어르신들께 사랑도 많이 받았고 하는 일에 보람도 느꼈다. 그러나 사회생활은 업무와는 또 다른 영역이었다. 회식 자리에서 상사의 눈에 들어야 하는 등 업무 외에도 신경 써야 할 것들이 많았다. 당시에는 업무 성과가 아닌 그 외의 것들로 평가받고 싶지 않았다. 그리고 새로운 시도를 반기지 않는 조직 분위기도 퇴사 결정에 영향을 미쳤다. 하던 대로만 하라는 말을 계속 듣다 보니 '이 조직에서 나는 별로 중요치 않구나.'라는 생각이 들었다. 내 역할은 언제든 대체 가능하다는 회의감이 들어 퇴직을 결심했다.

질문 기술직으로 이직을 결심한 이유가 무엇인가? 많은 기술 중 특별히 도배를 택한 이유가 있나?

답변 나만의 기술을 가진다면 이전 직장에서의 업무와 달리 쉽게 대체되지 않겠다는 생각에 기술직을 선택했다. 일한 만큼 돈을 벌 수 있는 정직한 일을 하고 싶다는 바람도 한몫했다. 기술직 관련 정보를 모으다 보니 도배는 비교적 여성 종사자가 많다는 정보를 접해 도전을 결심했다.

질문 지난 10월부로 도배사라는 직업을 가진 지 만 2년이 됐다. 직업 생활은 어떤가?

답변 2년 차에 접어들며 꽤 많은 성장을 이뤘고 아직도 성장하고 있는 단계다. 기술적으로 실력이 느는 것과는 별개로 여전히 어려움도 있다. 한 현장에서 두세 달 정도 머물며 작업

귀천 경중 육체노동 도배사 누리다 눈에 들다 조직 퇴사 회의감

을 끝내고 나면 일하는 장소를 옮긴다. 일터가 매번 바뀌는 게 힘들다. 또 일당제로 운영되다 보니 한 달에 며칠 동안 일했는지를 개인이 직접 계산해야 한다는 어려움도 있다. 그러나 성과만큼 돈을 벌 수 있는 정직한 노동이라는 점에서 만족하며 일하고 있다.

질문 일하면서 마주한 직업적 편견이 있나? 이런 편견에 대해 어떻게 생각하고 어떻게 대응하나?

답변 먼지 묻은 안전모를 착용하고 작업화를 신은 채 대중교통을 이용하면 의아하게 쳐다보는 눈빛들을 많이 느낀다. 신발과 얼굴을 번갈아 훑어보는 사람들도 있다. 이런 시선 때문에 실제로 대중교통을 이용해 출퇴근하는 노동자들의 상당수가 옷을 갈아입고 퇴근한다. 이런 점들이 매우 안타깝다. 모든 노동자는 각자의 기술을 가지고 열심히 또 성실히 일하고 있다. 그럼에도 양복을 입고 일하는 사람은 당당한데 작업복을 입고 일하는 사람은 그렇지 못한 이 사회에 의문이 든다. 이에 대한 내 나름의 대응으로 꿋꿋하게 안전화를 신고 당당하게 퇴근한다.

질문 흔히 말하는 '명문대' 출신이 육체노동 직업을 선택했다는 점에서 사람들에게 더 많은 관심을 받고 있는 것 같다. 인생 전반에서 학벌이 어떤 영향을 미쳤다고 생각하나?

답변 복지관에 처음 취직했을 때도 사람들이 마치 내가 스펙을 쌓아 다른 곳으로 이직하기 위해 온 것처럼 봤다. 지금도 정말 도배가 하고 싶어서 이 일을 하고 있지만 도배는 그저 거쳐 가는 단계일 뿐 다른 큰 뜻을 품고 있을 것이라고 바라보는 시선도 있다. 특정 대학을 나오면 특정 영역의 직장에 다녀야 한다는 것 자체가 고정 관념이라고 생각한다. 그 고정 관념에서 벗어나는 선택을 했기에 조금 더 주목받는 듯하다.

질문 현재 대학생들의 취업 문화나 직업관에 대해 어떻게 생각하나?

답변 직업을 선택할 때 다양한 기준이 있음에도 불구하고 급여, 안정성, 사회적 지위만 보고 직업을 고르는 경우가 많다. 나 역시 지망했던 곳에 취직했지만 결국 다른 직업을 택하게 된 이유도 직업에 대해 깊이 생각하지 못했기 때문인 것 같다. 직업을 선택할 때 포기할 수 있는 것들이나 타협할 수 있는 부분을 미리 고민해 보면 좋을 것이다.

질문 사회로부터 받는 부정적인 시선을 조금이라도 변화시키고 싶다고 했다. 이를 위해 사회 곳곳에서 어떤 노력이 필요하다고 생각하나?

답변 기본적인 법을 준수해야 한다. 일례로 현장에서는 근로 계약서를 작성하지 않거나 주 52시간 근무, 최저 임금 및 주휴 수당 지급 등이 지켜지지 않는 경우가 다반사다. 노동자를 보호하는 제도가 있더라도 준수 의무에 대한 책임을 건설사가 아닌 협력 업체들이 떠안는 경우가 많다. 사실상 법이 지켜지기 어려운 구조다. 현장에서 기본적인 것부터 지켜져야 육체노동이 하나의 엄연한 직종으로 인정받을 수 있을 것이다.

질문 진로를 고민하는 청년들에게 전하고 싶은 말이 있다면?

답변 다른 사람의 시선에 너무 휘둘리지 마라. 취업하면 매일 직장에서 하루의 대부분을 보내는데 주위의 시선 때문에 원치 않는 일을 하기는 아깝다. 주변의 평가와 나의 시간 중 무엇이 더 중요한지 생각해 보고 진로를 택하기 바란다.

(출처: 『연세춘추』, 김민현, 방성은 기자 (일부 재구성))

기술직 한몫하다 도배 종사자 접어들다 일당제 마주하다 작업화
번갈다 꿋꿋하다 지망하다 타협하다 일례 떠안다 휘둘리다

1 글을 쓴 목적이 무엇인지 고르십시오. (　　)

① 명문대 진학에 성공한 사람을 소개한다.
② 직업 선택 시 고려해야 할 점들을 알려 준다.
③ 남다른 가치관을 가지고 있는 직업인을 소개한다.
④ 요즘 청년 세대가 선호하는 직업에 대해서 알려 준다.

2 배윤슬 씨에 대한 설명 중 맞는 것을 고르십시오. (　　)

① 스펙을 쌓기 위해서 노인 복지관에서 경력을 쌓았다.
② 노인 복지관 업무가 너무 힘들어서 일을 그만두었다.
③ 학벌이 좋으면 좋은 일자리를 찾을 수 있다고 생각한다.
④ 현장에서 일을 끝낸 후 신발을 갈아 신지 않고 퇴근한다.

3 배윤슬 씨는 육체노동에 대한 사회의 부정적인 인식을 바꾸기 위해서 사회가 어떻게 노력해야 한다고 했습니까? 빈칸을 채우십시오.

1) ______________ 을/를 준수해야 한다. 2) ______________ 을/를 작성하고
3) ______________ 시간과 4) ______________ 지급을 지켜야 한다.

4 글을 읽고 가질 수 있는 생각으로 맞는 것을 고르십시오. (　　)

① '직업을 선택할 때 역시 급여를 제일 먼저 생각해야 해.'
② '학창 시절에 원했던 일을 실제로 하게 되면 행복해질 수 있구나.'
③ '진로를 결정할 때 어느 누구보다도 내 자신의 생각이 제일 중요해.'
④ '전공과 관계없는 일을 하는 사람이 많으니까 대학에 갈 필요가 없어.'

III. 정리해 봅시다

직업에 대한 고정 관념에 대해서 이야기해 봅시다.

다음 글을 읽고 질문에 답하십시오.

청년 세대

한 세대가 어떤 책을 통해 정보를 얻고 공감대를 형성하는지 살펴보면 그들의 가치관이나 성향을 발견할 수 있다. 인터넷 서점 책24는 청년의 날을 맞아 도서 판매 빅 데이터에 나타난 청년 세대의 오늘을 살펴봤다.

청년 세대는 최근 일고 있는 투자와 재테크 열풍을 주도하고 있다. 이들은 스터디 모임을 갖고 관련 도서를 탐독하며 장기적인 재테크 계획을 세운다. 실제로 책24의 데이터 분석 결과 올해 상반기에 청년 세대가 투자 및 재테크 분야 도서를 구매한 비율은 40%로 주요 구매층이었던 40대의 구매율(37%)을 넘어섰다. 또한 실제적인 투자 및 재테크 방법에 대한 책뿐 아니라 세계 경제와 미래 자본의 흐름을 다룬 경제서가 청년층의 베스트셀러에 올라 경제 전반에 대한 청년 세대의 높은 관심을 보여 줬다.

요즘 청년 세대 직장인은 일을 통한 성취보다는 일과 삶의 균형을 훨씬 중요시한다는 인식이 보편적이다. 그러나 한 신문사 조사 결과에 따르면 20~30대 직장인 중 62.9%가 업무를 통한 성장과 성취감을 중요하게 생각하고 있는 것으로 나타났다. 이들은 업무 성과를 높이기 위해 직무와 관련된 도서를 활발히 읽는다. 책24가 업무 기술이나 직장 생활 등의 주제를 포함한 도서 데이터를 살펴본 결과 해당 도서에 대한 청년 세대의 구매 비율은 매년 증가세를 보였다.

새로운 직업관 또한 청년 세대의 특징이다. 스스로 만족하는 일을 찾아 해녀 일을 시작한 『막내 해녀 이야기』나 30대 청소부 이야기 『저 청소일 하는데요?』 등의 도서가 인기를 끄는 것을 통해 세상의 기준보다는 자신이 정한 지표를 따라 주체적 삶을 사는 이 시대 청년의 특징을 알 수 있다.

끝으로 10년 전에는 기성세대가 청년을 대상으로 삶에 대한 조언을 하는 내용의 책이 높은 판매량을 보였던 반면 최근에는 『나는 나로 살기로 했다』나 『애쓰지 않고 편안하게』 등 자신을 스스로 아끼고 지키는 방법을 이야기하는 책이 청년 세대의 공감을 얻고 있다.

1. 요즘 청년 세대는 어떤 특징을 가지고 있습니까? 단락별 특징을 찾아서 쓰십시오.

2. 여러분도 책을 통해 정보를 얻고 동시대인과 공감을 나눕니까?

재테크　　탐독

의인상

의인이란 자신보다는 사회 정의를 위한 삶을 사는 사람을 가리킨다. 빠르고 각박하게 돌아가는 현대 사회에서 의인의 존재는 세상이 아직 살아갈 만한 따뜻한 곳이라는 것을 느끼게 해 준다. 이들의 선행을 기리기 위해 매년 기업과 재단, 정부 기관 등에서는 의인상을 수여하고 언론을 통해 그 소식을 알린다.

경상남도 남해에서 빵집을 운영하는 김쌍식 씨는 매일 새벽, 신선한 빵을 만들어 등교하는 아이들에게 나눠 준다. 또한 장애인 복지 시설에서 매주 빵 나눔 행사를 진행하면서 한 해 동안 2천만 원이 넘는 양의 빵을 기부해 의인상을 수상했다.

고 이영곤 씨는 1996년부터 진주 시장 인근에서 내과를 운영했는데 형편이 어려운 환자를 무상으로 치료해 주며 '진주시 슈바이처'로 불렸다. 그는 고속도로에서 부상당한 사람을 돕고 자신의 차로 돌아가던 중 사고로 세상을 떠나 사람들의 안타까움을 더했다. 이 일이 알려지고 나서 고 이영곤 씨는 다양한 기관으로부터 의인상을 수상했다.

박춘자 씨는 50여 년간 김밥을 팔아 모은 전 재산 6억 3천만 원을 어려운 이웃을 위해 기부했다. 또한 약 40년간 장애인을 위해 봉사 활동을 해 왔으며 김밥 장사를 그만둔 뒤에는 11명의 지적 장애인을 친자식처럼 보살펴 의인상을 받았다.

여전히 우리 사회 곳곳에서는 타인을 위해 묵묵히 봉사와 선행을 실천하는, 평범하지만 위대한 영웅들을 찾아볼 수 있다. 이들의 선한 영향력이 우리 사회를 보다 나은 곳으로 만든다.

1. 의인이란 어떤 사람을 의미합니까?
2. 여러분이 알고 있는 의인을 소개해 봅시다.

각박하다　기리다

15과 예술과 문화

1. 창조와 예술

MP3 / 36

• 학습 목표: 비디오 예술가 백남준에 대한 글을 읽고 이해할 수 있다.

Ⅰ. 준비해 봅시다

1 여러분은 어느 분야의 예술에 관심이 있습니까?

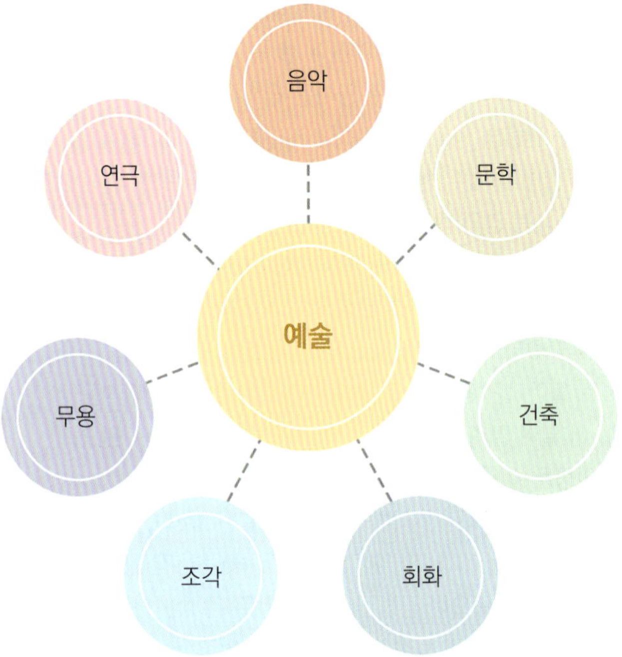

2 다음 작품에 대한 자신의 감상을 말해 보십시오.

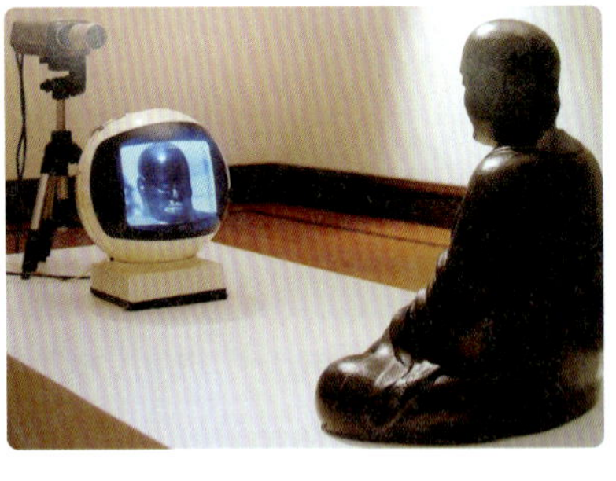

Ⅱ. 읽어 봅시다

다음 글을 읽고 질문에 답하십시오.

백남준

백남준(1932-2006)은 최초로 텔레비전을 이용한 조형 작품을 만들어 세계에 선보인 비디오 아트(video art)의 창시자이다. 텔레비전은 1940년대 후반에 등장해 인류의 일상과 문화를 완전히 바꾸어 놓았으며, 예술 분야에서도 기존 예술에 대한 대안이자 새로운 실험의 도구로 떠올랐다. 백남준은 그 무한한 가능성과 영향력을 직관적으로 파악해 1961년에 텔레비전을 연구하기 시작했고 2년 후인 1963년, 독일에서 연 첫 개인전 '음악의 전시-전자 텔레비전'에서 최초의 텔레비전 작품을 내놓으며 비디오 아트의 탄생을 알렸다.

백남준은 미술계에서 큰 업적을 남긴 예술가이지만 첫 예술 활동은 음악으로 시작했다. 한국의 부유한 사업가 집안에서 태어난 그는 일본 도쿄 대학에서 미술사학과 작곡을 공부한 후 '세상에 없던 음악을 창조하겠다.'는 의지로 독일로 건너가 행위 음악 활동을 시작한다. 그의 행위 음악은 새로워지기 위해서 기존의 것을 파괴해야 하며 어떤 소음도 음악이 될 수 있다는 파격적이고 대담한 발상에서 비롯되었다. 일례로 1960년에 공연된 '피아노 포르테를 위한 연습곡'은 피아노를 연주하던 백남준이 돌연 관객석에 앉아 있던 존 케이지(John Cage)*의 넥타이를 자른 사건으로 유명하다.

백남준이 미술가로 불리기 시작한 것은 플럭서스(Fluxus)*라는 예술가 모임 활동을 통해서이다. 이 모임의 구성원들은 기존의 예술을 비판하고 미래의 예술을 새롭게 정립하고자 미술, 음악, 문학, 연극 등 모든 예술 장르를 혼합해 행위 자체가 예술이 되는 활동을 이어간다. 이러한 활동을 같이하면서 자연스럽게 미술계에 입문한 그는 미술 영역에 전자 기술을 도입해 1963년 비디오 아트를 탄생시켰다.

1964년 백남준은 미국 뉴욕으로 활동 무대를 옮긴다. 그리고 'TV부처'(1974), 'TV정원'(1974) 등의 작품을 발표하면서 첨단 기술 매체와 인간이 어떻게 공존하고 소통해야 하는지에 대한 고민을 계속했다. 80년대에 이르러 그는 텔레비전이 당대의 첨단 기술인 통신 기술과 만나 양방향 소통이 가능해진다면, 시공을 초월한 자유로운 소통을 통해 전 세계인이 하나가 될 수 있다고 보았다. 이러한 통찰은 1984년 1월 1일, 인공위성으로 동·서양의 도시를 연결해 전위 예술, 현대 무용, 대중 가수의 공연 등 동시대 예술을 종합해 생방송으로 보여 준 '굿모닝, 미스터 오웰'이라는 작품으로 구현되었다. 전 세계 2500만 명의 시청자가 이 작품을 시청하였고 백남준은 세계 최초로 인공위성 생중계를 이용해 작품을 만든 예술가로 기록되었다.

조형 창시자 직관적 발상 돌연 당대 전위 예술 인공위성

백남준의 인생과 예술 세계에서 빼놓을 수 없는 인물 중의 한 명이 그의 부인인 구보타 시게코(1937~2015)이다. 그는 또 한 사람의 비디오 예술가이자 예술적 동반자로서 전문적인 미술 교육을 받지 못한 백남준에게 필요한 조언을 해 주었다. 그리고 1996년 뇌졸중으로 쓰러져 왼쪽 신경이 모두 마비된 남편을 십여 년 동안 헌신적으로 보살폈다. 백남준은 2006년 74세의 나이로 세상을 떠났으며 늘 한곳에 머무르지 않고 새로운 예술을 찾는 삶을 살았던 그의 유해는 한국과 미국, 독일에 나뉘어서 안치되었다.

*존 케이지(John Cage): 미국의 현대 음악가로 음악에 우연적인 요소를 도입함. 백남준의 초기 음악 활동에 큰 영향을 끼친 인물.
*플럭서스(Fluxus): 1960년대 초부터 1970년대에 걸쳐 일어난 국제적인 전위 예술 운동. 또는 그 운동을 주도한 예술가 모임의 이름이기도 함.

1 각 단락의 중심 내용을 맞게 연결하십시오.

1) 첫 번째 단락	●	● 미술가로 활동하게 된 계기
2) 두 번째 단락	●	● 예술 활동 초기의 행위 음악
3) 세 번째 단락	●	● 뉴욕에서의 비디오 아트 활동
4) 네 번째 단락	●	● 비디오 아트의 창시자 백남준
5) 다섯 번째 단락	●	● 부인 구보타 시게코와 백남준의 사랑

2 백남준에 대한 설명으로 맞는 것을 고르십시오. (　　)

① 예술을 통해 첨단 기기의 무분별한 발전에 대해 비판했다.
② 음악과 미술 영역에 전자 기술을 도입한 것으로 유명하다.
③ 부인 구보타 시게코와의 동반 작업으로 화제가 되기도 했다.
④ 기존 예술 형태를 거부하며 새롭고 파격적인 시도를 계속했다.

동반자　마비되다　헌신적　유해　안치되다

3 백남준의 활동 순서를 보기 에서 찾아 쓰십시오.

보기

① 비디오 아트를 탄생시킴.
② 행위 음악 활동을 시작함.
③ 뉴욕에서 활발하게 활동함.
④ 대학에 입학해 작곡을 공부함.
⑤ 플럭서스 활동에 참여하면서 미술계에 입문함.

(④) → (   ) → (   ) → (   ) → (   )

4 백남준은 '굿모닝 미스터 오웰'이라는 작품을 통해 어떤 의미를 전달하고자 했습니까? 빈칸을 채우십시오.

텔레비전과 1)__________________을/를 활용한 2)__________________ 소통을 통해 3)__________________이/가 하나가 될 수 있다.

III. 정리해 봅시다

여러분이 좋아하는 예술가를 소개해 보십시오.

15과 예술과 문화

2. 현대 사회와 문화 콘텐츠

MP3 / 37

• 학습 목표: 문화 콘텐츠에 대한 이야기를 듣고 이해할 수 있다.

Ⅰ. 준비해 봅시다

1 여러분은 어떤 문화 콘텐츠를 즐깁니까?

출판	만화	음악	게임
영화	애니메이션	방송	광고
캐릭터	지식 정보	연극	공연

2 문화 콘텐츠를 소비하는 환경이 어떻게 변해 가고 있습니까?

텔레비전

초고속 인터넷

개인 컴퓨터

스마트폰

가상 현실

II. 들어 봅시다

[1] 듣고 질문에 답하십시오.

1 지나친 콘텐츠 소비로 인한 문제점으로 말하지 않은 것을 고르십시오. ( )

① 자기 인생에 대한 상대적 박탈감
② 정보를 놓치는 것에 대한 불안감
③ 무분별한 소비로 인한 정체성 상실
④ 계속되는 정보 자극으로 인한 피로

[2~3] 듣고 질문에 답하십시오.

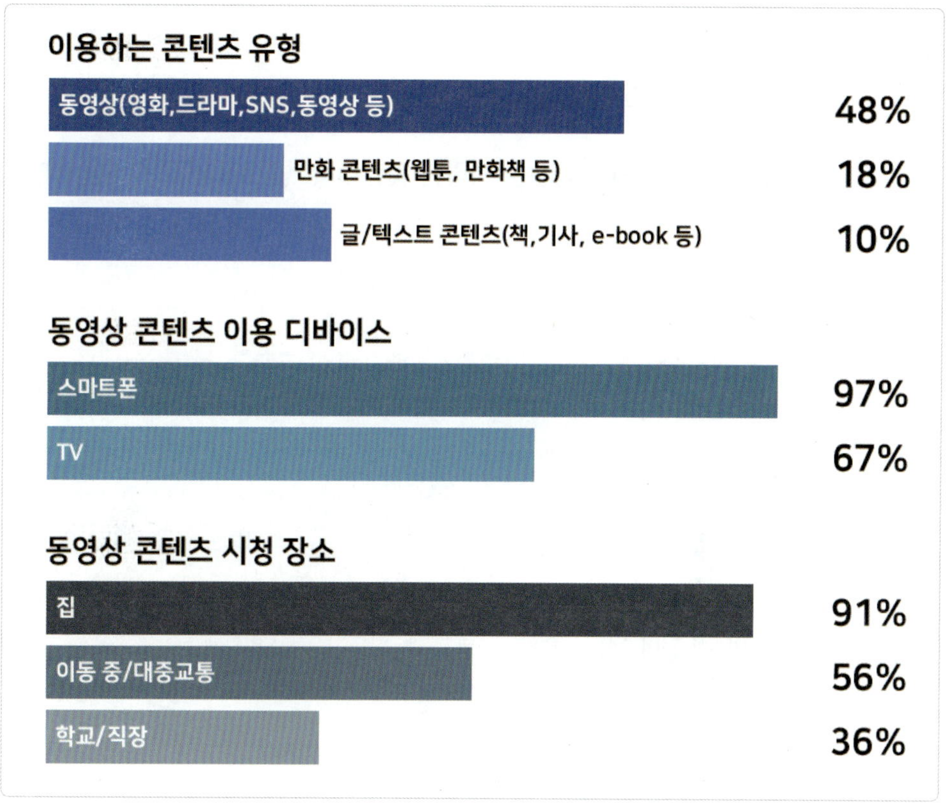

2 무엇에 대한 이야기입니까? 이야기의 주제를 쓰십시오.

급변하는 1) ________________ 과/와 그에 따른 2) ________________

섭렵하다 　아예 　다변화 　돌파하다 　갈아 치우다 　지상파 방송 　박차를 가하다

3 두 사람의 대화 내용을 보기 에서 골라 순서대로 나열하십시오.

보기

① 콘텐츠 소비 형태의 변화 양상
② 향후 콘텐츠 산업의 발전 방향
③ 콘텐츠 소비 형태가 변화한 원인
④ 콘텐츠 환경 변화에 대한 정부의 정책
⑤ 전통 미디어의 성장 둔화와 대응 전략

(①) → (　　) → (　　) → (　　) → (　　)

[4~6] 다시 듣고 질문에 답하십시오.

4 콘텐츠 소비의 변화 양상을 정리한 것입니다. 빈칸에 알맞은 말을 보기 에서 골라 쓰십시오.

보기

① 다변화
② 각자의 공간
③ 스마트폰
④ 온라인 동영상 서비스 플랫폼(OTT)

원인		변화
인터넷 통신 발달 + 1) (　　) 보급 + 2) (　　) 활성화 → 서비스 채널이 3) (　　　　) 됨.	→	스마트폰 같은 기기를 이용해 4) (　　　) 에서 자신이 원하는 시간에 자신이 원하는 콘텐츠를 소비하게 됨.

5 들은 내용과 다른 것을 고르십시오. (　　)

① 스마트폰 동영상 시청 비율은 텔레비전을 넘어섰다.
② 전통 미디어와 신규 미디어가 협업하는 경우도 있다.
③ 정부는 전통 미디어 활성화 중심의 정책을 발표했다.
④ 기존의 방송사도 온라인 동영상을 제작하고 제공한다.

6 최근 전통 미디어는 어떤 역할을 합니까? 모두 고르십시오. (　　,　　)

① 온 가족이 모여서 화합할 수 있게 한다.
② 신규 미디어에 고품질 콘텐츠를 제공한다.
③ 교양과 예능 프로그램의 제작을 전담한다.
④ 변화에 적응하지 못한 이에게 정보를 제공한다.

Ⅲ. 정리해 봅시다

앞으로 콘텐츠 소비 환경은 어떻게 변화할까요? 이야기해 봅시다.

16과 남북의 현실

1. 언어의 이질성

MP3 / 38

• 학습 목표: 남북한 의사소통 방식의 차이에 대한 글을 읽고 이해할 수 있다.

Ⅰ. 준비해 봅시다

1 북한 이탈 주민이 남한 사회에서 생활할 때 무엇 때문에 어려움을 겪을 것 같습니까?

2 표준어와 문화어의 차이를 알아봅시다.

	표준어	문화어
기준 지역	서울	평양
발음	심리[심니]	심리[심리]
표기	여자, 노동	녀자, 로동
억양, 어조	낮은 억양, 부드러운 어조	높은 데서 낮은 데로 떨어지는 억양, 끊어서 말하는 어조
어휘	한복 햄버거	조선옷 고기겹빵

북한 이탈 주민　표준어　문화어

Ⅱ. 읽어 봅시다

다음 글을 읽고 질문에 답하십시오.

며칠 전 대형 마트에 갔던 김 모 씨는 이런 일을 겪었다. 김 씨는 전기밥솥을 하나 사려고 했다. 밥솥이 꽤 무거워서 어떻게 계산대까지 들고 가나 고민하다가 마트 직원에게 물어보니까 직원은 이렇게 대답했다.

"물건은 거기 놔 두시고 카트를 가져와서 담으시면 됩니다."

"네? 카드요?"

"카드가 아니고 카트요. 카트 모르세요?"

"저 카드는 가져왔는데 카드에 이걸 어떻게 담습니까?"

"손님, 카트요, 카트! 왜 말귀를 못 알아들으세요? 어우, 답답해."

대학까지 졸업한 지성인이라는 자부심을 갖고 살았던 김 씨는 그 자리에서 완전히 얼어 버려서 카트가 뭐냐고 물어보지도 못했다.

이 이야기 속의 김 씨는 한국말을 사용하는 사람인데 왜 마트 직원의 말을 알아듣지 못했던 것일까? 사실 김 씨는 남한에 정착한 지 5년이 된 북한 이탈 주민이다. 우리 사회에 함께 살고 있는 북한 이탈 주민들은 대부분 김 씨처럼 일상생활에서 의사소통에 고충을 겪고 있다. 탈북민이 어려워하는 남한 말은 영어를 기반으로 하는 외래어와 줄여서 쓰는 줄임말, 그리고 북한에는 없는 단어들이다. 남북한 간 뜻이 달라진 말도 그 원인 중의 하나이지만 이런 말은 일상에서 자주 쓰이지 않으므로 크게 문제가 되지는 않는다.

탈북민이 외래어로 인해 의사소통에 고충을 겪을 수밖에 없는 것은 외래어를 접할 기회가 거의 없었기 때문이다. 북한에서는 어릴 적에 주로 러시아어를 배우고 중국이 지리적으로 가까운 관계로 중국어를 익히기도 한다. 그리고 북한 사회는 순우리말을 중시하는 문화를 가지고 있어서 외국에서 새로운 말이 유입될 때 우리말로 바꾸어서 쓰고 있다. 반면 남한 사회는 영어권에서 들어온 말이 그대로 외래어로 자리 잡은 것들이 많은 데다가 유럽이나 아시아권에서 유입된 외래어도 꽤 있다. 그리고 새로운 언어를 그대로 받아들이는 데 비교적 개방적인 편이다.

탈북민이 생활하면서 영어에서 온 외래어보다 더 곤란함을 자주 느끼는 것은 바로 줄임말이다. 줄임말은 편리하기 때문에 혹은 유행하기 때문에 많이 쓰인다. '사대 나온 친구가 강추하는 미드를 봤는데 완전 깜놀.'이라고 한다면 '사범 대학을 졸업한 친구가 강력하게 추천하는 미국 드라마를 봤는데 완전히 깜짝 놀랐어.'라고 알아듣는 탈북민은 거의 없을 것이다. 또한 '얼죽아인 인싸 남사친인데 만나 보면 완전 노잼'이라는 문자를 받았을 때 '얼어 죽어도 아이스 아메리카노만 마시는 인기 많은 친한 남자인데, 만나 보면 완전히 재미가 없어.'라고 이해하는 사람도 많지 않을 것 같다. 이러한 줄임말은 탈북민들뿐만 아니라 남한 사람들에게도 어렵게 느껴지곤 한다.

'기상청에서 춥다고 해서 파카 입고 와서 야자했어.'라는 말은 어떤가? 북한에는 기상청이라는 기관이 없고 '파카'와 같이 두꺼운 옷은 '동복'이라고 부르며 고등학교에 '야간 자율 학습', 즉 '야자' 또한 없다. 이제 갓 정착한 탈북민이라면 이런 단어들을 잘 모르는 게 당연하다.

카트　말귀　지성인　정착하다　고충　탈북민　순우리말　유입되다　사범 대학　파카

그럼 이런 언어 차이에서 오는 갈등을 줄이려면 어떻게 해야 할까? 먼저 탈북민은 남한 사람의 언어 생활에 적응하도록 노력해야 한다. 생활하면서 적극적으로 배우고 받아들이려는 의지를 갖는다면 더욱 빨리 익힐 수 있을 것이다. 남한 사람들은 탈북민이 남한 말을 이해하지 못했을 때 부드럽고 친절하게 알려 주면서 그들이 낯선 언어 환경에 익숙해질 때까지 기다려야 한다.

그런데 앞의 경우와 다른 의사소통의 갈등 사례도 있다. 탈북민의 직설적 표현과 남한 사람의 우회적 표현, 즉 의사소통 방식의 차이에서 비롯되는 갈등이 있다. 탈북 후 남한에서 대학을 다닌 정 모 씨는 공동 과제 발표를 망친 조원을 솔직하게 비난했다가 오히려 다른 조원들이 모두 자신을 피해 다녀서 한동안 힘들었다. 그런데 우연히 다른 조원들이 과제 발표자의 잘못에 대해 이야기하는 것을 들었을 때 정 씨는 남한 사람들을 정말 이해하기 어려웠다고 한다. 북한에는 '외교하지 말라.'는 말이 있다. 나라 간에 외교를 하듯이 재고 따지고 빙빙 돌려 말하지 말라는 뜻이다. 또한 북한에는 '생활 총화'라는 말이 있는데 자신의 잘못을 앞에 나가 반성하고 함께 성토하는 것이다. 이는 조직과 단체 생활을 잘 유지하기 위해 활용되기도 한다. 반면 남한은 상대방을 직접적으로 비판하는 소통 문화가 아니기 때문에 남을 배려하는 차원에서 마음에 없는 말을 하는 경우가 있다. 면접 후 나중에 연락드리겠다는 말이 합격의 의미가 아닐 수도 있는 것처럼 말이다. 또한 다 잘하고 있는데 이것만 고쳐 달라고 직장 상사가 말을 꺼낸다면 정말 다 잘하고 있다기보다는 뭔가 고쳐야 할 사항을 부드럽게 지적하기 위함일 수도 있다.

의사소통 방식의 차이로 오해가 반복된다면 남한 사람은 탈북민과 대화하는 것을 기피할 수 있고 탈북민은 남한 사람의 말을 신뢰하지 못하게 될 수 있다. 이런 오해와 상처는 갈등을 더 심화시킬 것이다. 그렇다면 갈등의 골이 깊어지기 전에 미리 예방하려면 어떻게 해야 할까? 탈북민과 남한 사람이 서로 의사소통 방식이 다르다는 점을 인식하고 이를 서로 비난하지 말아야 한다. 그리고 탈북민은 듣는 사람의 입장을 고려해 가능하면 부드럽게 이야기하고 남한 사람은 탈북민이 오해하지 않게 말의 의미를 정확하게 전하도록 노력해 나가야 할 것이다.

1 각 단락의 중심 내용입니다. 빈칸을 채우십시오.

단락	중심 내용
첫 번째	탈북민이 의사소통에 고충을 겪는 사례
두 번째	의사소통에 고충을 겪고 있는 탈북민과 그 원인
세 번째	남북한 의사소통 문제의 원인 분석(1) - 1) ______
네 번째	의사소통 문제의 원인 분석(2) - 2) ______
다섯 번째	의사소통 문제의 원인 분석(3) - 3) ______
여섯 번째	남북한 4) ______ 에서 비롯된 문제의 극복 방안
일곱 번째	남북한 5) ______ 에서 비롯된 갈등
여덟 번째	남북한 의사소통 방식의 차이에서 비롯된 갈등의 극복 방안

직설적 우회적 비롯되다 조원 외교하다 빙빙 심화시키다 골

2 글의 내용과 같은 것을 고르십시오. (   )

① 북한 사람은 외국어를 접할 기회가 거의 없다.
② 탈북민의 직설적인 표현은 북한 사회의 특징과 관계가 있다.
③ 남한 사람은 탈북민이 상처받지 않도록 돌려서 말해야 한다.
④ 탈북민은 북한 말과 의미가 다른 단어 때문에 제일 힘들어한다.

3 탈북민이 의미를 정확하게 이해할 수 있는 말을 고르십시오. (   )

① "손님, 포인트를 적립해 드릴까요?"
② "다음에 부탁하시면 들어 드릴게요."
③ "너무 배고파서 정신없이 먹다가 현타가 왔어."
④ "오늘 하늘이 파란색 물감을 뿌려 놓은 듯이 맑아요."

4 남한 사회에서 탈북민이 겪는 의사소통 갈등을 해소하기 위해서 어떻게 해야 합니까?

탈북민	남한 사람
• 생활하면서 적극적으로 배우고 받아들이려는 의지를 가져야 한다. • ______________________________ ______________________________.	• 부드럽고 친절하게 알려 준다. • ______________________________ ______________________________.

III. 정리해 봅시다

다음은 북한에서 쓰이는 속담입니다. 의미가 같은 속담을 말해 보십시오.

가나다라도 모른다.	돼지 꼬리 잡고 순대 달란다.
고인 물도 밟으면 솟구친다.	구운 게도 다리를 떼고 먹어라.

우물에 가 숭늉 찾는다	낫 놓고 기역자도 모른다
돌다리도 두들겨 보고 건너라	지렁이도 밟으면 꿈틀한다

16과

남북의 현실

2. 분단과 통일

MP3 / 39

• 학습 목표: 모의 남북 회담을 듣고 이해할 수 있다.

I. 준비해 봅시다

1 남북 정상 회담이 필요하다고 생각합니까? 그 이유는 무엇입니까?

2 남북 회담에서 다루어야 할 안건이 무엇이라고 생각합니까?

남북 회담의 역사

1971년	적십자 회담 파견원 접촉
1972년	"7.4 남북공동성명" 발표
⋮	
2000년	남북 정상 회담, 남북 이산가족 상봉 행사
2000~2007년	남북 경제 협력 추진 위원회
2007년	남북 정상 회담
2010년	금강산, 개성 관광 관련 회담
⋮	
2018년	평창 동계 올림픽 북한 고위급 대표단 방문, 예술단 평양 공연
2018년	남북 정상 회담(판문점)
2018년	남북 정상 회담(평양)
2018년	남북 철도, 도로 공동 조사 및 착공식

출처: 통일부 남북 회담 본부

정상 회담　적십자　고위급　착공식

Ⅱ. 들어 봅시다

[1] 듣고 질문에 답하십시오.

1 말하는 사람의 태도로 맞는 것을 고르십시오. ( )

① 남북 간 적대 행위의 위험성에 대해서 경고하고 있다.
② 오랜 분단으로 인한 아픔과 서러움을 하소연하고 있다.
③ 한반도의 완전한 비핵화 실현을 진심으로 기뻐하고 있다.
④ 역사적인 선언을 하는 것에 대해서 감격스러워하고 있다.

[2~3] 듣고 질문에 답하십시오.

남북 군사 회담

금강산 관광 사업

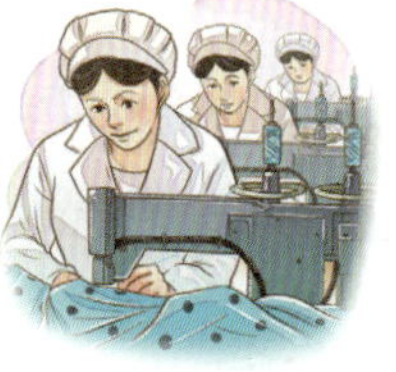
개성 공단

남북 철도 연결 계획

2 이 회담에 참여한 사람들이 누구인지 고르십시오. ( )

① 남한의 대학생
② 남한과 북한의 기업인
③ 남한의 대학교 교수
④ 남한과 북한의 정치인

겨레 염원 분단 서러움 비핵화 동결 종전 정전 항구적 구축하다
담대하다 이산가족 번영 이정표 대담하다

3 회담에서 다루고 있는 분야와 관계있는 것을 연결하십시오.

1) 정치·군사	●	●	남북 철도 연결
2) 경제	●	●	이산가족 문제
3) 인도적 협력	●	●	종전 선언

[4~6] 다시 듣고 질문에 답하십시오.

4 들은 내용과 같은 것을 고르십시오. (　　)

① 남한과 북한의 대표자들이 반세기 만에 다시 만났다.
② 남북한은 종전 선언의 필요성에 대한 의견이 서로 다르다.
③ 기존의 남북 경제 협력은 다른 요인의 영향을 크게 받았다.
④ 2027년에 부산역에서 나진역까지 연결되는 동해선이 개통될 것이다.

5 남북 경제 협력을 성공적으로 추진하기 위해 남측 대표가 제안한 방안을 쓰십시오.

____

6 회담을 듣고 할 수 있는 말을 고르십시오. (　　)

① "한국 전쟁 이후 남북 간 대화가 50년 동안이나 단절되었구나."
② "종전 선언을 하면 한반도의 평화를 확실하게 구축할 수 있겠구나."
③ "남북한의 경제적 번영을 위해서 금강산 관광 사업 재개가 시급하구나."
④ "남북 경제 협력이 통일을 이루어 내는 물질적 기반이 될 수도 있겠구나."

Ⅲ. 정리해 봅시다

남북통일을 이루기 위해서 남북한이 어떤 노력을 해야 하는지 이야기해 봅시다.

모의　임하다　실전　인도　제재　허상　재발되다　철회하다　전적　조율하다
비극적　상호　순조롭다　확고하다　지지하다　시너지　최적　급선무　재개하다

복습

MP3 / 40

듣고 질문에 답하십시오.

1. 통일촌을 조성한 이유는 무엇입니까? (   )

① 남북의 평화 통일을 준비하기 위해서
② 북한에 남한 체제를 선전하기 위해서
③ 실향민에게 살 곳을 제공하기 위해서
④ 민통선 안에 관광지를 만들기 위해서

2. 들은 내용과 같은 것을 고르십시오. (   )

① 외부에서 사는 사람은 통일촌에 들어갈 수 없다.
② 통일촌의 학교는 학생 수가 부족해서 폐교되었다.
③ 통일촌에서 북한 마을과 산의 모습을 볼 수 있다.
④ 통일촌에는 전쟁의 역사가 그대로 보존되어 있다.

3. 통일촌 커뮤니티 센터에서 하는 일입니다. 빈칸에 알맞은 말을 쓰십시오.

- 비슷한 1) ________________ 을/를 가진 2) ________________ 와/과 교류함.
- 통일촌의 3) ________________ 와/과 4) ________________ 을/를 알리기 위해 노력함.

민통선　딛다　여느　휘날리다　일구다　폐교　접경지　합류

나혜석의 '자화상'

자화상 (1928)

나혜석(1896~1948)은 '자화상', '무용수들', '수원화성문' 등을 그린 한국 최초의 여성 서양화가이다. 나혜석의 '자화상'은 분위기가 어둡고 우울하며 인물의 고독과 좌절이 느껴진다. 이 그림은 나혜석이 남편과 세계 여행을 하던 중 파리에 체류할 때인 1928년에 그린 것으로 알려져 있는데 이 시기는 그가 새로운 세상에 대한 도전과 의욕으로 충만하던 시절이었다. 그런데 나혜석은 왜 이렇게 우울한 자화상을 그린 것일까?

또한 '자화상' 속 얼굴과 당시 나혜석 사진을 비교해 보면 전혀 비슷하지 않다. 심지어 그림 속 얼굴은 매우 이국적이며 여성도 남성도 아닌 중성적 얼굴로 보이기도 한다. 스스로 그린 자신의 초상화에다가 나혜석은 자신의 외모와도, 당시 자신의 상황과도 전혀 맞지 않는 얼굴을 그린 것이다.

나혜석의 '자화상'은 식민지이자 가부장제 사회였던 당시 조선에서 여성으로 살아가야 했던 현실을 극복하기 위한 시도로 볼 수 있다. 전문가들은 나혜석이 주체적인 삶을 살 수 없었던 자신의 위치를 벗어나기 위해 성도, 민족성도 모호한 자화상을 그린 것이라고 해석한다. 남성과 여성의 이분법적 구별과 가부장제를 극복하고자 했던 나혜석의 철학이 그림 속 이국적이고 중성적인, 우울한 얼굴에 담겨 있다고 보는 것이다.

나혜석은 근대적 여성의 권리를 찾으려 했던 신여성을 대표하는 인물이다. 그는 가부장 사회를 비판하고 여성의 주체적 경험을 드러내면서 신문에다가 이혼고백서(1934)를 쓰는 등 당대의 상식을 뛰어넘는 파격적인 주장과 작품으로 사회적 파문을 일으켰다. 그의 삶과 작품은 현재까지도 여러 면에서 많은 논란과 생각거리를 던져 주고 있다.

나혜석(1920)

수원화성문 (연도 미상)

1. 나혜석은 왜 자신의 외모나 상황과 전혀 맞지 않는 자화상을 그렸습니까?

2. 여러분이 알고 있는 자화상 작품을 소개해 봅시다.

충만하다 파문

17과 인간과 환경

1. 환경 오염과 보호

MP3 / 41

• 학습 목표: 환경 오염과 보호에 대한 글을 읽고 이해할 수 있다.

I. 준비해 봅시다

1 직접 목격한 환경 오염 사례가 있습니까? 어떤 경험을 한 적이 있습니까?

2 여러분 나라에서는 환경을 보호하기 위해서 어떤 제도를 시행하고 있습니까?
여러분이 이용해 본 것이 있습니까?

탄소 포인트 제도

온실가스 배출 감축을 위해 노력하면 정부 및 기업 등이 온실가스 줄인 양만큼 포인트를 현금처럼 사용할 수 있는 혜택을 준다.

하이브리드 자동차 구매 보조금 제도

2015년 1월 1일부터 출고된 하이브리드 자동차 중 CO_2 배출량이 일정량 이하인 중소형 하이브리드 자동차를 구매할 경우 보조금을 지원한다.
(100만 원)

환경 마크 제도

환경 기술 및 환경 산업 지원법에 따라 환경성을 개선한 제품에 환경부 장관이 환경 마크를 부여한다.

모바일 그린 카드

다음 글을 읽고 질문에 답하십시오.

탄소 발자국 기록장 체험기

"우리는 절박하다. 미래를 위해, 살기 위해 나왔다." 이는 지난 15일, 청소년 환경 운동가 송지우(17세) 학생이 정부와 정책 결정권자들을 향해 던진 말이다. 그녀는 기후 위기의 심각성을 알리고 정부의 대책 마련을 촉구하기 위해서 대규모 '결석 시위'를 기획했고 1,000여 명의 학생이 시위에 참여했다. 학생들은 당장 온실가스를 줄이지 않으면 재앙이 닥칠 거라고 경고했다. 실제 통계 자료도 높은 탄소 배출량으로 인한 지구의 위기를 방증한다. 그렇다면 온실가스를 줄이기 위해 우리는 무엇을 할 수 있을까. 직접 실천해 보기 위해서 '한국 기후·환경 네트워크'에서 고안한 '탄소 발자국 기록장'을 작성하며 저탄소 생활을 체험해 봤다.

1일 차: 비장한 마음으로 탄소 발자국 기록장 웹 페이지에 접속했다. 웹 페이지에는 온실가스를 줄일 수 있는 생활 수칙 40가지가 적혀 있었다. 자동차 관련 수칙과 자취생이 지키기 힘든 수칙을 제외하면, 내가 실천할 수 있는 수칙은 10가지. 이를 1년 동안 실천하면 이산화 탄소 434.9kg을 줄일 수 있다고 한다. 소나무 66그루를 심는 효과라고 하니 벌써 많은 양의 온실가스를 줄인 것만 같다.

2일 차: 쉬운 것부터 차근차근 실천하기로 했다. 오랜만에 텀블러를 들고 학교에 갔다. 종이컵 대신 개인 컵을 사용하면 이산화 탄소 3.5kg을 줄일 수 있다. 등교하자마자 카페에 들러 텀블러를 내밀었더니 600원을 할인해 줬다. "용돈의 3할은 커피값으로 나갈 텐데 생활비도 아끼고 좋잖아?"

3일 차: 내 노트북에선 소나무가 자란다. 절전 프로그램 '그린터치'를 설치했기 때문이다. 그린터치는 컴퓨터를 잠시 사용하지 않을 때 절전 모드로 자동 전환하는 프로그램이다. 그렇게 줄인 전력량은 노트북 화면에 이산화 탄소 감축량과 소나무 식재량으로 환산돼 표시된다. 매일 1시간씩 석 달 동안 절전 모드를 실행하면 소나무 1그루를 심는 효과를 낸다. 내 나무는 아직 씨앗 단계다. 무럭무럭 자라길!

4일 차: 동장군이 오시려나……. 기온이 영하까지 떨어졌다. 오늘은 저탄소로 겨울을 나기 위해 집 안 곳곳에 단열재를 설치했다. 이산화 탄소 71.4kg을 줄일 수 있어서다. 보일러 온도도 겨울철 적정 실내 온도인 20℃로 설정했다. 겨울에 보일러 온도를 2℃ 낮추면 이산

탄소 발자국　절박하다　결정권자　방증하다　저탄소　비장하다　수칙　등교하다
할　절전　전력량　감축량　식재량　환산되다　실행하다

화 탄소 71.4kg을 절감할 수 있다. 너무 추운 거 아니냐고? 아니다. 오히려 실내외 온도 차가 크면 신체가 온도 변화에 적응하느라 면역력이 떨어진다. 실내 온도를 20℃ 내외로 유지하고, 그래도 춥다면 내복을 입는 것이 건강에 좋다고 한다.

5일 차: 우리 식탁에서도 탄소는 배출된다. 소 한 마리가 1년 동안 47kg의 메탄을 배출한다는 사실, 알고 있었나? 온실 효과 기준으로 따지면 이산화 탄소 1,109kg을 배출하는 셈이다. 이것이 육식을 줄이지 않고선 탄소 발자국을 줄이기 힘든 이유다. 다행히 최근 들어 비건 채식을 실천할 수 있는 선택지가 많아지고 있다.

나도 오늘 하루는 비건으로 살아 보기로 했다. 첫 끼는 편의점에서 해결했다. 요즘에는 편의점에서도 비건식을 판다. 콩불고기버거를 사 먹었는데, 식감이 거칠었지만, 불고기버거와 유사한 맛이었다. 저녁엔 친구와 약속이 있어 비건 메뉴가 있는 레스토랑에서 마늘버섯볶음밥을 먹었다. 비건을 실천하면서도 친구와 근사한 식사를 할 수 있는 세상이다.

6일 차: 일주일 가까이 됐지만 아직도 적응하기 힘든 것이 있다. 바로 샤워를 10분 안에 마치는 일이다. 탄소 발자국을 줄이기 위해선 10분 안에 샤워를 끝내야 한다. 6일째 쫓기듯 샤워하고 있다. 모든 변화에는 불편함이 따르는 법. "기후야, 바뀌지 마. 내가 변할게."

7일 차: 탄소 발자국 기록장은 일주일마다 실천 소감을 작성하도록 돼 있다. 나는 "미래는 이미 우리 안에 와 있다."란 말로 첫 소감을 적었다.

※ 기사에 언급한 이산화 탄소 배출량은 '한국 기후·환경 네트워크'의 1년 기준 계산치를 활용했다.
※ 이산화 탄소 배출량 감소에 따른 식재 효과는 국립 산림 과학원의 자료에 근거했다.

(출처: 『연세춘추』, 김병관, 조재호 기자 (부분 각색))

1 글쓴이의 저탄소 생활 체험 활동을 정리하십시오.

첫 주	활동
1일 차	1년 동안 실천할 10가지 1) ________________ 선택
2일 차	등교할 때 텀블러 휴대
3일 차	노트북에 2) ________________ 프로그램 '그린터치' 설치
4일 차	집 안 여기저기 3) ________________ 설치, 보일러 온도 20℃로 설정
5일 차	4) ________________
6일 차	5) ________________ 만에 샤워 끝내기: 날마다 실천 중

내복 메탄 비건 근사하다

2 지난 15일에 있었던 행사에 대한 설명으로 맞는 것을 고르십시오. (　　)

① 학생들은 지구의 재앙을 막을 정부의 시급한 대응을 촉구했다.
② 학생들은 학교에 모여 기후 위기를 알리는 대규모 시위를 했다.
③ 청소년과 정부의 정책 결정권자들이 함께 환경 문제를 고민했다.
④ 청소년들은 온실가스를 줄이려고 '탄소 발자국 기록장'을 만들었다.

3 글의 내용과 다른 것을 고르십시오. (　　)

① 겨울철 실내 난방 온도는 실외 온도와 차이가 많이 날수록 좋다.
② 요즘은 다양한 채식 메뉴가 있어서 탄소 발자국을 줄이기가 쉽다.
③ 1년간 약속한 저탄소 생활을 하면 나무 66그루를 심은 효과가 난다.
④ 텀블러를 사용하면 탄소 배출량도 줄일 수 있고 생활비도 절약된다.

4 '미래는 우리 안에 와 있다'는 무슨 뜻입니까? 빈칸을 채우십시오.

우리가 날마다 아무렇지 않게 하는 1) ______________________ 행동의 결과가 미래에
2) ______________________ 으로/로 나타난다.

III. 정리해 봅시다

여러분이 실천할 수 있는 환경 보호 운동은 무엇입니까? 다음과 같이 '탄소 발자국 줄이기' 계획을 세워 봅시다.

월	화	수	목	금

종이컵 보다 월등한 머그컵을 써 봐요.	종이 아낀다고 화내지 마시고 꼼꼼하게 확인하고 출력해 봐요.	손 씻고 물 묻은 손은 손수건으로 닦아 봐요.	물 부족 국가, 대한민국! 우리의 목숨! 물을 아껴 써 봐요.	(퇴근 시) 플러그 뽑기 오래 걸리지 않아요! 전기 절약 금방 실천해 봐요.

월	화	수	목	금

인간과 환경

2. 환경 문제와 자원

MP3 / 42

• 학습 목표: 환경 문제와 자원에 대한 이야기를 듣고 이해할 수 있다.

I. 준비해 봅시다

1 재생 에너지의 사용을 늘려야 하는 이유는 무엇입니까? 재생 에너지를 더 많이 활용할 수 있는 방법에는 어떤 것이 있을까요?

재생 에너지 3020 이행 계획 발표

(2030년까지 재생 에너지 20% 목표)

2030년: 총 63.8GW

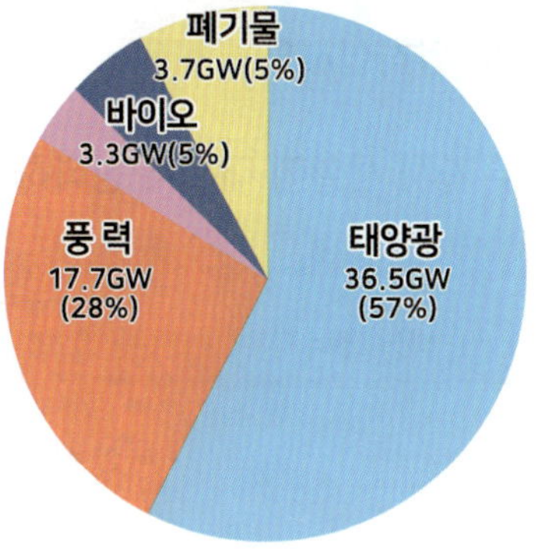

출처: 산업 통상 자원부

2 여러분 나라에서는 어떤 재생 에너지를 많이 사용합니까? 여러분 나라의 지리적 환경에서 개발하기가 유리한 재생 에너지는 무엇입니까?

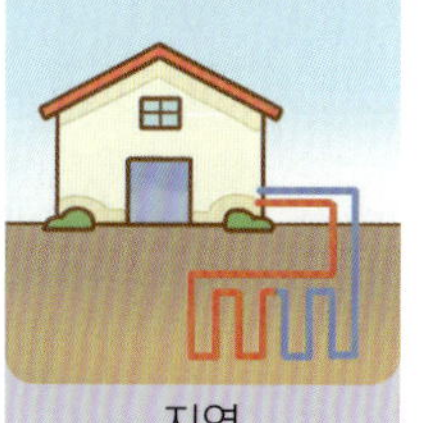

II. 들어 봅시다

[1] 듣고 질문에 답하십시오.

1 들은 내용과 다른 것을 고르십시오. (　　)

① 고기를 많이 먹으면 지구 생태 용량 초과의 날이 빨라진다.
② 올해의 경우 브라질이 미국보다 생태 자원 문제가 심각했다.
③ 지구 생태 용량 초과의 날은 자원 소비량에 따라서 달라진다.
④ 현재 수준의 자원 소비를 감당하려면 지구가 1.7개 필요하다.

[2~3] 듣고 질문에 답하십시오.

2 기자가 소개한 두 가지 시설에 대해서 정리하십시오.

신재생 에너지 시설		
종류	생산 에너지	장점
1) ________ 태양광 발전소	2) ________	• 육상 시설보다 발전 3) ________이/가 높다. • 4) ________ 훼손 등의 환경 문제가 없다.
바이오 에너지 연구 시설	5) ________	• 6) ________으로/로 폐자원을 처리할 수 있다. • 7) ________ 비료와 연료비를 줄일 수 있다.

3 바이오 에너지의 자원이 아닌 것을 고르십시오. (　　)

① 도시가스
② 가축의 분뇨
③ 음식물 쓰레기
④ 유기성 폐기물

초과　자정　당기다　밀집도　바닥나다　화석 연료　뜨다　육상　협소하다
불가피하다　분뇨　유기성　분해　거치다　정제되다

[4~6] 다시 듣고 질문에 답하십시오.

4 들은 내용과 같은 것을 고르십시오. (　　)

① 석유는 폭넓게 활용 가능한 자원이기 때문에 주목받고 있다.
② 환경을 위해서 천연가스 같은 신재생 에너지를 사용해야 한다.
③ 한국은 지상에 태양광 발전소를 만들 수 있는 장소가 충분하다.
④ 세계 여러 나라는 신재생 에너지 사용을 점점 늘려 나갈 것이다.

5 뉴스를 바르게 이해한 사람의 말을 고르십시오. (　　)

① "신재생 에너지는 많이 써도 고갈될 걱정이 없구나."
② "아직 폐자원을 활용하는 기술은 개발되지 않았구나."
③ "한국에서는 신재생 에너지를 많이 사용하고 있구나."
④ "폐기물에서 메탄을 없애면 연료로 사용할 수 있구나."

6 화석 연료의 사용을 줄여야 하는 이유는 무엇입니까? 빈칸을 채우십시오.

화석 연료는 1)__________과/와 2)__________을/를 비롯한 여러 3)__________ 문제를 일으키는 주요 원인이기 때문이다.

Ⅲ. 정리해 봅시다

자원의 고갈을 막기 위해 우리가 할 수 있는 일에는 무엇이 있을까요? 여러분이 일상생활에서 실천할 수 있는 일을 이야기해 봅시다.

열병합　재배　에너지원　차세대

18과 한국의 문학과 예술

1. 한국 문학의 이해

MP3 / 43

• 학습 목표: 한국 수필을 읽고 이해할 수 있다.

Ⅰ. 준비해 봅시다

1 동물을 키워 본 경험을 글로 써 본 적이 있습니까? 이야기해 봅시다.

2 수필의 특징을 이야기해 봅시다.

Ⅱ. 읽어 봅시다

다음 글을 읽고 질문에 답하십시오.

바둑이와 나

(앞부분 요약: 글쓴이는 6.25 전쟁을 피해 피난을 갔다가 서울이 수복되자 다시 돌아온다. 당시 국립 박물관의 주요 책임자였던 그는 전쟁으로 인한 박물관의 피해를 조사한 후 빈집에 홀로 두고 간 개 '바둑이'를 생각하며 경복궁 뒤뜰에 있는 자신의 집으로 간다.)

최순우 옛집(1976~1984)

마른 잡초가 우거진 경복궁 옛 뜰은 전이나 다름없이 봄볕이 따스한데, 굶주린 고양이가 인기척에 놀라 달아났다. 나는 집을 향해 마른 풀밭을 걸었다. 저만큼 우리 집에 해묵은 기왓골이 보일 무렵, 나는 야릇한 감상에 젖어, 고향의 노래라도 부르고 싶은 심정이었다.

나의 집은 무서우리만큼 조용했다. 나의 시선은 우선 천천히, 다가오는 대청과 건넌방 쪽마루를 더듬었다. 그때 나는, 그만 소스라치게 놀라지 않을 수 없었다. 바로 그 쪽마루 위에, 두고 간 우리 바둑이가 납작하게 너부러져 있었기 때문이다. 제가 늘 즐겨 앉아 있던 그 자리에…. 바둑이는 자기를 버리고 간 매정스러운 주인의 빈집을 지키다가 그만 굶주림에 지쳐 죽었구나 하는 생각이 내 머리를 스쳐 갔다. 나는 나도 모르게 '휘 휘 휘요' 하고 휘파람을 불었다. 아, 이게 바로 기적이란 것인가? 말라비틀어진 물걸레 같은 바둑이의 시체가 머리를 번쩍 들고 나를 알아본 것이다. 바둑이는 비틀거리며 뛰어내려와 내 발밑에서 대굴대굴 굴렀다. 사뭇 미친 듯했다. 나는 바둑이를 덥석 껴안았다. 내 눈에선 뜨거운 눈물이 왈칵 솟았다. 바둑이는 그 슬픈 눈으로 내 눈길을 더듬으며, 그 마른입으로 내 볼을 마구 비벼댔다.

"오냐, 다시는 다시는 너를 두고 가지 않으마."

나는 외치다시피 이렇게 말했지만, 목소리가 입에서 나오지 않았다.

(중략)

기운을 차린 바둑이는 잠시도 나를 떠나지 않았다. 나는 바둑이와 함께 텅 빈 경복궁 안의 인기척 없는 빈집에서 지냈다. 바둑이가 없었던들 그 어둡고 무서운 밤들을 나는 아마 감당하지 못했을 것이다.

바둑인 옛날 그대로, 방 안에는 못 들어오는 것으로 알고 있었다. 내가 어두운 방 안에 덩그러니 누워서 먼 포성을 들으며 뒤척이자면, 바둑인 내가 벗어 놓은 군화 위에 웅크리고 앉아 쌔근거렸다. 때때로 문을 열고 회중전등으로 얼굴을 비춰 주면, 바둑인 군화 위에 웅크린

수복 뒤뜰 인기척 해묵다 야릇하다 대청 쪽마루 더듬다 너부러지다
매정스럽다 사뭇 덩그러니 뒤척이다 회중전등

채 꼬리를 살래살래 흔들며 좋아했다. 방석을 주어도 마다하고 군화 위에만 올라앉아 그 불편한 잠자리를 길들이던 바둑이…, 그것은 아마도 한시도 떨어지기 싫은, 그리운 주인의 체취를 맡으려는 것이었을까? 아니면, 겉으로는 다정한 체하면서도 막상 급할 때가 오면, 자기를 사지에 버리고 훌쩍 떠나는 주인이 못 미더워, 그 군화를 지키자는 것이었을까?

4월 하순 어느 날, 다시 공산군의 공세가 시작되었다. 밤새 우레 같은 포성이 쉴 사이 없었고, 시청 앞을 지나는 군용 차량들의 다급한 소리가 끊이지 않았다. 그 이튿날 저녁, 서울은 온통 칠흑 같은 암흑 속, 산 너머로 섬광은 번뜩이는데, 피난민으로 수라장을 이루었다. 바둑이는 그동안 나와 함께 두 끼를 굶고도 그림자처럼 나를 따랐다. 이번만은 결코 놓치지 않겠다는 것 같았다. 나는 바둑이를 안고, 최후의 철수 열차에 연결된 박물관 화차에 올랐다. 열차 바깥에서 태워 달라고 발을 동동 구르며 울부짖는 아낙네들의 모습, 나는 바둑이를 꼭 안고 그들을 바라보았다. 어쩌다 우리는 이런 꼴을 당하는가?

기차는 그 밤에 떠나지 못했다. 수십 량의 화차를 연결하느라 밤새도록 앞걸음질 뒷걸음질, 그동안에 날이 샌 것이다. 화차가 연결될 때마다 그 소리와 충격은 대단했다. 그때마다, 바둑인 한번 덴 가슴이라 깜짝깜짝 놀랐다. 거기다, 가까워진 포성과 우레 쏟아지는 듯한 폭격 소리가 더해지자, 바둑이는 이제 더는 그 불안과 공포를 이겨 낼 수가 없었던 모양이다. 갑자기 또 한 번의 충격이 있자, 그 순간, 바둑인 놀란 토끼처럼 내 품을 벗어나서, 반쯤 열린 문틈으로 화차 밖으로 뛰어나갔다. 그러고는 달려갔다. 나도 반사적으로 화차에서 뛰어내려 바둑이를 따라 달렸다. 숨이 턱에 차서 내가 지칠 무렵에야 바둑인 겨우 달리던 걸 멈추고는 발랑 누워서 용서를 빌었다.

나는 바둑일 허리에 끌어안고 뒤를 돌아다보았다. 기관차는 아득히 먼데, 기적은 연거푸 울었다. 나는 또 뛰었다. 기차가 우리를 버리고 떠날까 봐, 기차가 달릴 철로 위를 되돌아 뛰었다. 내가 헐떡이며 기관차 앞에 닿았을 때 기관사는 이 판국에 강아지 한 마리가 다 무어냐고 고함을 쳤지만, 나는 사과할 겨를도, 기운도 없었다.

불쌍한 우리 바둑이를 또다시 이 사지에 버리고 떠날 수 없는 내 심정을 그가 알 까닭이 없었다.

(출처: 최순우, 『최순우 전집5(한국미 산책)』 「바둑이와 나」 (일부 재구성))

1 이 글에 대한 소개입니다. 빈칸을 채우십시오.

- 제목: 바둑이와 나
- 종류: 1) ______________________
- 시간적 배경: 2) ______________________
- 공간적 배경: 3) ______________________

마다하다 체취 사지 못 미덥다 수라장 우레 반사적 철로 판국 겨를

2 무엇에 대한 이야기입니까? (   )

① 가족 같은 개와 이별해야 했던 전쟁의 끔찍함
② 전쟁의 위험으로부터 주인을 지킨 개의 충성심
③ 전쟁 속에서 서로 의지하는 개와 주인의 깊은 정
④ 개를 혼자 두고 피난을 간 것에 대한 후회와 반성

3 다음 표현에서 알 수 있는 글쓴이의 감정을 보기에서 찾아 모두 쓰십시오.

보기

슬픔　안도　걱정　감동　공포　연민　불안　기쁨　그리움　반가움
놀라움　미안함　안타까움　당황스러움

표현	감정
1) 저만큼 우리 집에 해묵은 기왓골이 보일 무렵, 나는 야릇한 감상에 젖어, 고향의 노래라도 부르고 싶은 심정이었다.	보기 그리움, 반가움 등
2) 나는 바둑이를 덥석 껴안았다. 내 눈에선 뜨거운 눈물이 왈칵 솟았다.	
3) 나는 바둑이를 꼭 안고 그들을 바라보았다. 어쩌다 우리는 이런 꼴을 당하는가?	
4) 나는 바둑일 허리에 끌어안고 뒤를 돌아다보았다. 기관차는 아득히 먼데, 기적은 연거푸 울었다.	

4 글을 바르게 감상한 사람이 할 수 있는 말을 고르십시오. (   )

① "바둑이는 위험한 전쟁 상황 속에서 정말 용감하게 행동했구나."
② "글쓴이가 바둑이와 함께 기차를 타고 떠날 수 있어서 다행이야."
③ "바둑이는 자신을 버리고 피난을 간 주인을 몹시 원망했던 것 같아."
④ "글쓴이는 고통을 겪는 사람들보다 개 한 마리를 더 중요시한 것 같아."

Ⅲ. 정리해 봅시다

가족이나 반려동물과 함께한 소중한 추억을 이야기해 봅시다.

18과 한국의 문학과 예술

2. 한국 미술의 이해

MP3 / 44

• 학습 목표: 한국 풍속화에 대한 글을 읽고 이해할 수 있다.

Ⅰ. 준비해 봅시다

1 다음 두 미술 작품의 차이점을 말해 봅시다.

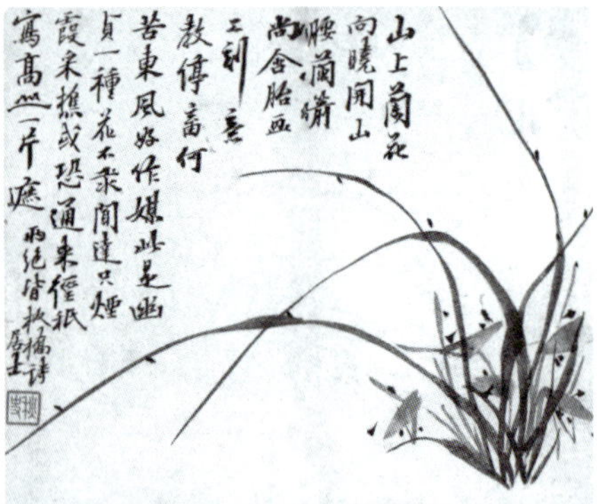

김정희 '산상난화'

김득신 '대장간'

2 여러분의 나라에도 풍속을 소재로 한 작품이 있습니까? 이야기해 봅시다.

피터 브뤼겔(Pieter Bruegel)
'곡물 수확'

블라디미르 마코브스키(Vladimir Makovsky)
'아침 차'

Ⅱ. 읽어 봅시다

다음 글을 읽고 질문에 답하십시오.

화폭 위에 시간을 붙잡고 사람을 담았소

단원 김홍도 '씨름'

우리 풍속화

미술 교과서 한 구석, 눈에 익은 그림 하나. 둥그렇게 둘러앉은 관중들의 시선이 서로를 쓰러뜨리려 안간힘을 쓰는 두 남자에게 박혀 있다. 승부가 나기 직전의 '결정적인 그 순간', 엿판을 든 아이는 엉뚱하게도 씨름판을 등지고 섰다. 이 장면이 벌어지는 곳은 바로 김홍도의 풍속화 '씨름' 화폭 속이다.

음지에서 꽃피운 풍속화

조선 시대에 좋은 그림이라 함은 일반적으로 선비의 기개를 표현하는 '문인화'를 일컬었다. 사대부들이 수행의 일환으로 삼았던 사군자, 산수화 등의 문인화 말고는 가치 없는 '속된 그림'으로 치부되었다.

문인화의 틈바구니 속에 묻혀 있던 이 '속된 그림'이 양지로 모습을 드러내기 시작한 것은 18세기 초 윤두서의 화폭 위에서였다. 그는 실학을 접해 근대 사상을 받아들인 양반 사대부로, 민중의 삶에 많은 관심을 갖고 그들을 그리기도 했다. 윤두서 이후 양반과 중인들 사이에서 주변의 생활상을 그리는 일이 유행처럼 번져 나갔다. 그리고 18세기 말에 이르러 이들의 영향을 크게 받은 김홍도가 풍속화의 일대 경지를 이룩한다. 그의 뒤를 이어 김득신과 신윤복 등 이른바 '조선 시대 3대 풍속화가'들이 차례차례 등장하면서 조선 풍속화의 작품성은 절정에 이른다.

한편 당시의 풍속화는 주로 중인과 신흥 부농 등 새롭게 성장한 시민 계급이 애호했다. 생산자였던 화가들뿐만 아니라 수요자였던 이들 시민 계급도 풍속화의 발전을 이끄는 데 있어 한몫했던 것이다. 그림 취급도 못 받던 풍속화는 이런 추세 속에서 단 한 세기만에 사회적으로 인정받는 하나의 문화 현상으로 급성장했다.

풍속화가는 '지금'을 그린다

그러나 풍속화는 19세기를 거치며 점차 퇴보한다. 화가들은 전 세기에 김홍도와 김득신이 닦아 놓은 풍속화의 전형을 벗어나지 못했다. 걸출한 풍속화가도 더 이상 좀처럼 배출되지 않았다. 결국 강제적으로 문호가 개방된 20세기의 정치적 굴곡을 겪으며 풍속화의 맥은 거의 끊어지고 말았다. 우리에게 남은 풍속화의 기억은 김홍도·신윤복의 시대에서 더 앞으로 나아가지 못했다.

등지다　기개　사대부　일환　화폭　음지　속되다　치부되다　틈바구니　양지
실학　경지　애호하다　퇴보　걸출하다　맥

이러한 사연 때문에 우리는 '풍속화'라면 으레 한복 입은 사람들이 주막에서 국밥을 퍼먹거나 그네를 뛰는 장면을 떠올린다. 조선 후기 풍속화의 이미지가 머릿속에 각인되어 풍속화를 '과거의 장르'로만 생각하는 것이다. 물론 옛 풍속화는 훌륭한 유산이지만 이에 얽매이기만 한다면 19세기 조선 풍속화계가 그랬던 것처럼 정체될 뿐이다. 홍익대 동양화과 문봉선 교수는 "옛 사람이 한복을 입었다면 지금의 우리는 재킷을 입는다."라며 "현대의 풍속화라면 홍대 앞에서 춤추는 젊은이들을 그려야 할 것"이라고 말했다. 오늘의 풍속화가 의미를 가지려면 오늘의 모습을 담아야 하는 것이다.

풍속화를 수묵 담채라는 틀에만 가두는 것도 다시 생각해 볼 일이다. 사진, 영화, 컴퓨터 그래픽 등 오늘날의 시각 매체는 무궁무진하다. 문 교수는 "종이에 그려진 것이냐 필름에 찍힌 것이냐의 차이일 뿐, 모두 인생을 포착한 하나의 풍속도"라고 말했다.

현대 한국의 모습을 만화적인 일러스트로 그리는 화가 최호철을 '21세기 풍속화가'라고 부르는 것도 이런 맥락에서 이해할 수 있다. 그의 작품에 나타난 낯익은 풍경, 사람들의 몸짓과 표정에 우리는 자연스럽게 공감하고 재미를 느끼기 때문이다. 회화 기법과 매체 장르를 초월해 오늘날의 생활상에 오늘날의 시대정신을 드러낸다면 넓은 의미에서 풍속화의 하나로 인정받을 수 있다는 것이다. 200년 후 당신의 에스엔에스 사진첩이 21세기의 풍속화첩으로 여겨질 가능성이 없다고 할 수 있을까? 주위의 모습을 사진에 담는 우리의 마음과 '씨름'과 '단오 풍정'을 그렸던 김홍도와 신윤복의 마음이 크게 다르지는 않을 것이다.

『연세춘추』 김서홍 기자

'을지로 순환선' 최호철(2000) (한국 국립 현대 미술관 소장)

1 풍속화에 대한 내용을 시기별로 정리한 것입니다. 빈칸을 채우십시오.

시기	특징
18세기 이전	1) ________________ 이/가 아닌 그림은 가치를 인정받지 못했음.
18세기 초	2) ________________ 의 그림을 시작으로 풍속화가 유행함.
18세기 말	'조선 시대 3대 풍속화가' 1) ________, ________, ________ 등장
19~21세기	풍속화의 퇴보와 새로운 모습의 현대 풍속화 (일러스트, 4) ________________ 등)

2 글의 내용과 같은 것을 고르십시오. (   )

① 윤두서는 조선 사회에 실학을 전파한 인물이다.
② 현대의 풍속화는 수묵 담채화로 그려서는 안 된다.
③ 에스엔에스를 통해 누구나 풍속화가가 될 수 있다.
④ 풍속화는 새롭게 성장하는 계층 사이에서 유행했다.

3 이 글에서 말한 현대 풍속화의 조건은 무엇입니까? 빈칸을 채우십시오.

회화 기법이나 매체 장르와 관계없이 그림 속에 1) ________________ 과/와 2) ________________ 이/가 나타난다면 풍속화 장르로 인정받을 수 있다.

4 소제목 '음지에서 꽃피운 풍속화'는 무슨 의미인지 고르십시오. (   )

① 사대부가 수행을 목적으로 그린 풍속화
② 시민 계급이 성장하면서 새로운 장르가 된 풍속화
③ 과거에 한때 유행했다가 현대에 다시 주목받기 시작한 풍속화
④ 사회적 가치를 인정받지 못했음에도 불구하고 크게 발전한 풍속화

Ⅲ. 정리해 봅시다

여러분이 풍속화를 그린다면 무엇을 소재로 삼고 싶습니까? 이야기해 봅시다.

각인되다　정체되다　포착하다

복습

MP3 / 45

다음 이야기를 듣고 질문에 답하십시오.

1. 발표자의 발표 방식에 대한 설명으로 맞지 않는 것을 고르십시오. (　　)

① 과학적인 근거를 밝히며 사실을 설명했다.
② 친숙한 장면을 상기시켜 공감을 유도했다.
③ 객관적인 자료를 제시해 설득력을 더했다.
④ 인간과 비교해 북극곰의 미래를 살펴봤다.

2. 이 발표를 바르게 이해한 사람의 말을 고르십시오. (　　)

① "인간의 이기심 때문에 동물도 살 수 없고 인간도 살 수 없게 되는 거네."
② "바닷가에 파도를 막기 위해서 방파제를 만들면 갯벌도 보호되고 좋겠다."
③ "시간은 더 오래 걸리지만 연안이 산림보다 이산화 탄소 흡수력이 좋구나."
④ "앞으로 탄소 배출을 줄이려면 연안의 갯벌을 더 적극적으로 개발해야 돼."

3. 환경 보호를 위해서 우리가 좀 더 신경 써야 하는 부분은 어떤 것이 있을까요?

연안　빙하　염생 식물　월등히

국립 생태원

국립 생태원은 생태와 생태계 조사·연구 및 대국민 교육을 체계적으로 수행하여 환경을 보전하고 올바른 환경 의식을 함양하고자 2013년 환경부 산하 기관으로 조성되었다. 충청남도 서천군에 위치하며 전체 면적은 약 100만m^2, 축구장 142개를 붙여 놓은 크기이다.

국립 생태원은 전문적인 생태 연구와 교육 시설을 비롯해 전시 및 편의 시설을 두루 갖추고 있는데 특히 '하나의 작은 지구'라고 불리는 에코리움에는 세계 5대 기후대의 생태 환경과 그곳에 서식하고 있는 동식물을 있는 그대로 재현해 놓았다. 관람객들은 에코리움에서 열대관, 사막관, 지중해관, 온대관, 극지관을 차례로 돌며 그 지역의 기후와 동식물의 생태를 현장에 있는 듯 생생하게 체험할 수 있다. 그리고 야외 공간에는 '한반도 숲'과 '습지 생태원', '고산 생태원' 등이 조성되어 있어 한국의 다양한 생태계를 직접 만나 볼 수 있다.

한편 국립 생태원에는 다양한 프로그램이 마련되어 있어서 이해와 체험의 질을 높일 수 있다. 에코리움과 야외 생태 공간을 이용할 때 '생태 해설 프로그램'을 신청하면 전문 생태 해설가의 상세한 설명을 들을 수 있다. 그리고 단체와 개인을 대상으로 하는 교육 프로그램과 생태 전문 교육 프로그램도 있다. 자세한 이용 안내는 국립 생태원 홈페이지에서 확인할 수 있다.

1. 국립 생태원에서 '하나의 작은 지구'라는 별명을 가진 곳은 어디입니까?
2. 여러분 나라에서 생태를 주제로 한 시설은 어떤 곳이 있습니까?

함양하다 산하 재현하다 고산

19과 세계와 경제

1. 세계 속의 기업

MP3 / 46

• 학습 목표: 다국적 기업에 대한 글을 읽고 이해할 수 있다.

Ⅰ. 준비해 봅시다

1 좋아하는 다국적 기업이 있습니까? 그 기업을 선호하는 이유는 무엇입니까?

2 다국적 기업이 꼭 갖추어야 할 덕목은 무엇이라고 생각합니까? 윤리적인 다국적 기업은 어떤 기업을 말하는 걸까요?

다국적 기업 윤리 지침(경제 협력 개발 기구(OECD))
1) 현지국의 경제, 사회 발전에 기여해야 한다.
2) 종업원의 인권을 존중해야 한다.
3) 현지국과 지역 사회의 제도, 능력 개발에 기여해야 한다.
4) 고용 증대 및 인재 개발에 기여해야 한다.
5) 건강, 안전, 노동, 과세, 재정 등에 관한 법규를 준수해야 한다.
6) 좋은 기업 지배 원칙을 지켜야 한다.
7) 지역 사회의 신망을 얻을 수 있는 제도를 마련해야 한다.
8) 교육, 홍보를 통해서 종업원이 회사의 방침을 이해하도록 해야 한다.
9) 피부색, 성별, 종교, 인종에 관계없이 종업원을 차별해서는 안 된다.
10) 관련 기업들도 본 지침에 준하는 기업 행동을 하도록 권해야 한다.
11) 현지의 정치에 관여해서는 안 된다.

과세

Ⅱ. 읽어 봅시다

다음 글을 읽고 질문에 답하십시오.

켈로그 시리얼로 간단히 아침을 때우고 삼성 핸드폰을 들고 나이키를 신고 급히 나간다. 거리에 나서면 가는 곳마다 스타벅스가 없는 곳이 없다. 실제로 전 세계 무역의 80% 이상을 다국적 기업이 독차지하고 있다고 한다. 이렇듯 이미 우리 일상에 깊숙이 들어와 있는 다국적 기업에 대해서 그 의미와 성장 배경 그리고 다국적 기업의 긍정적인 면과 부정적인 면을 살펴보고 우리가 나아갈 방향에 대해서 생각해 보고자 한다.

다국적 기업은 둘 이상의 국가에 연구소, 자회사, 판매 지사, 합병 회사, 공장 등을 두고 운영하면서 생산과 판매 활동을 국제적 규모로 수행하는 기업을 말한다. '세계 기업'이라고도 하며, 유엔(UN)에서는 '국적과 국경의 한계를 넘어선 기업'이라는 의미로 '초국적 기업'이라고 부른다.

다국적 기업의 최초 형태는 17세기 초 영국, 프랑스, 네덜란드 등이 인도에 세운 '동인도 회사'로 알려져 있으며 현재와 같은 의미의 다국적 기업은 20세기 중반에 처음 언급됐다. 당시 교통과 통신의 발달로 인해, 자본과 기술, 상품, 서비스가 국경을 초월해 이동하는 경제 활동의 세계화는 하나의 거부할 수 없는 흐름이 되어 가고 있었다. 1995년 자유 무역을 추구하는 세계 무역 기구(WTO)가 출범하고 나서 국가 간의 자유 무역 협정(FTA)이 활발히 체결되어 다국적 기업은 급격히 증가하게 된다.

다국적 기업의 탄생 배경은 경제적 이익을 극대화하려는 기업의 특성과 관계가 있다. 다국적 기업이 되기까지의 과정을 보면, 처음에는 자국의 어느 지역에 기업이 설립되는데 이후 경쟁력이 커지면 전국을 무대로 사업이 확장된다. 그러다가 기업은 더 많은 이윤을 창출하고자 해외에 진출해서 판매 지사를 설치하고 반응이 좋으면 자회사도 설립한다. 그리고 본격적으로 현지에 법인 공장을 설립해 다국적 기업으로 성장한다.

전 세계에 연결망을 갖게 된 다국적 기업은 그 규모만큼 영향력 또한 막강하다. 특히 현지 국가에 미치는 영향은 아주 큰데 긍정적인 영향을 살펴보면 다음과 같다. 첫째, 고용 사정이 개선된다. 다국적 기업의 진출로 현지국에서는 일자리가 창출되고 노동 소득이 증가되어 빈부 격차가 준다. 둘째, 다국적 기업이 현지국에 자본과 선진 기술을 제공함으로써 그 나라의 산업화나 경제 발전에 도움을 줄 수 있다. 셋째, 현지국에서 생산과 판매가 이루어짐으로써 그 나라의 생산량이 증가하고 이는 국민 총생산 증가로 연결된다. 넷째, 기술과 자본을 가진 다국적 기업과 경쟁하는 과정에서 국내 기업의 경쟁력 또한 자연스럽게 높아진다. 이 밖에도 다국적 기업을 유치함으로써 대외적으로 국가 신뢰도가 높아지는 효과도 있다.

때우다　자회사　합병　초국적　거부하다　추구하다　체결되다　법인　연결망　현지국

반면 다국적 기업의 부정적인 영향을 우려하는 비판적 견해도 많다. 첫째, 다국적 기업은 근본적으로 기업의 이익에만 관심이 있고 진출한 나라의 이해관계에는 무관심하기 때문에 언제든지 생산 비용이 더 적게 드는 환경을 찾아서 쉽게 다른 나라로 옮겨갈 수 있다. 이렇게 되면 다국적 기업이 창출했던 일자리는 하루아침에 사라진다. 그리고 다국적 기업의 기술력과 자본에 의존했던 현지국은 경제 공황을 겪을 수도 있다. 둘째, 다국적 기업은 현지 국가로 자본을 가지고 들어가지만 이익이 발생하면 그 수익을 본국으로 가지고 간다. 결국 현지국이 누리는 자본의 혜택은 일시적일 뿐이다. 셋째, 선진 기술 또한 실제적으로 중요한 핵심 기술은 현지 국가로 이전해 주지 않기 때문에 국가 경쟁력은 여전히 개선되지 않는다. 그 밖에도 다국적 기업이 비용 절감을 위해 조세를 회피하는 문제, 유리한 정책 결정을 얻어내기 위해 현지의 정치에 개입하는 문제, 상대적으로 자본과 기술력이 뒤처지는 국내 기업들이 도산하는 문제, 환경 오염 문제 등 어려운 문제가 많다.

상위 1, 2위를 다투는 다국적 기업은 1년 매출액이 작은 국가의 한 해 예산을 초과할 정도로 규모가 크다. 그런데 얼마 전 한국에서는 수천 억의 매출을 올리고도 쥐꼬리만 한 세금을 내서 세무 조사를 받게 된 다국적 기업이 있었다. 또 어느 다국적 기업은 제3국에 있던 생산 공장에서 어린이 노동력을 착취하는 등의 윤리적 문제로 국제 뉴스에 오른 적이 있었다. 세계에 미치는 영향력이 큰 만큼 다국적 기업은 스스로 엄격한 윤리적 가치 기준을 정해 지켜야 할 것이다.

1 이 글의 목차를 완성하십시오.

목 차

1. 서론
2. 본론
   2.1. 다국적 기업의 1)____________________
   2.2. 다국적 기업의 2)____________________
   2.3. 다국적 기업의 3)____________________
   2.4. 다국적 기업의 4)____________________
   2.5. 다국적 기업의 5)____________________
3. 결론

공황　본국　조세　개입하다　도산하다　세무 조사　착취하다

2 다국적 기업에 대한 평가와 그에 대한 비판을 찾아서 연결하십시오.

평가			비판
현지국 고용 사정 개선	●	●	자본 부족으로 국내 기업 도산
현지에 선진 기술 도입	●	●	핵심 기술은 이전하지 않아
현지 기업 경쟁력 향상	●	●	일시적 투자 효과
현지 국가에 자본 제공	●	●	이전이 쉬워서 일자리도 쉽게 잃어

3 글의 내용과 다른 것을 고르십시오. (　　)

① 세계 무역 기구의 등장 이후 다국적 기업이 크게 늘었다.
② 교통과 통신의 발달로 경제 활동의 세계화가 가능해졌다.
③ 세계 무역에서 다국적 기업이 차지하는 비중은 아주 크다.
④ 지금과 같은 다국적 기업은 17세기경 인도에 처음 세워졌다.

4 기업은 어떻게 다국적 기업으로 성장하게 됩니까? 빈칸을 채우십시오.

국내		해외	
자국 내 기업 설립 →	1) ________ 사업 확장 →	판매 지사 설치 후 2) ________ 설립 →	현지 법인 3) ________ 설립

III. 정리해 봅시다

여러분 나라에 진출했다가 실패했던 다국적 기업이 있습니까? 다국적 기업의 현지화 실패 사례와 그 이유에 대해 이야기해 봅시다.

경

19과 세계와 경제

2. 무역 협정과 세계

MP3 / 47

• 학습 목표: 자유 무역에 대한 글을 읽고 이해할 수 있다.

I. 준비해 봅시다

1 무역의 혜택을 실감할 때는 언제입니까? 여러분이 일상에서 사용하는 물건 중에 수입품의 비중은 얼마나 됩니까?

한국의 5대 상품 수출액

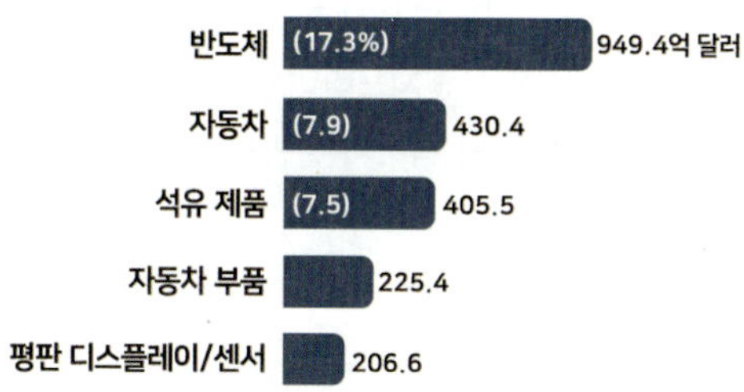

한국의 5대 수입 상품

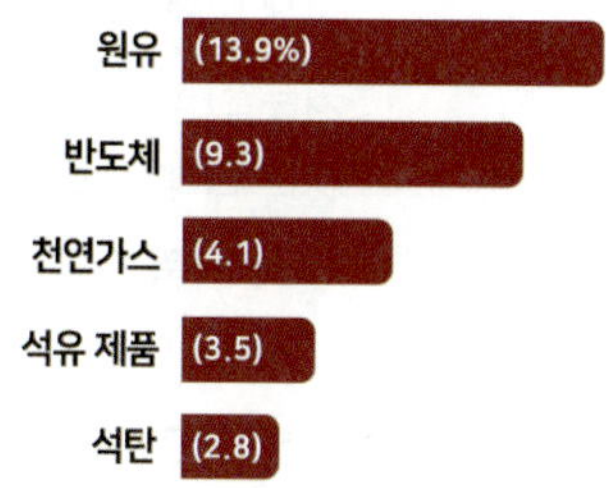

출처/한국 무역 협회, 산업 통상 자원부, 관세청(2019)

2 여러분 나라는 어떤 무역 정책을 표방하고 있습니까? 그 이유는 무엇입니까?

표방하다

Ⅱ. 읽어 봅시다

다음 글을 읽고 질문에 답하십시오.

자유 무역은 누구를 위한 것인가?

경제학의 기본 개념 중 '교역의 혜택'이라는 게 있습니다. 자기가 가지고 있는 걸 혼자서 소비하는 것보다 남의 물건과 교환하면 선택의 폭이 넓어지고 모두가 더 행복해질 수 있다는 이론입니다.

맥도날드에서 빅맥 세트를 시키면 햄버거에 음료와 프렌치프라이가 딸려 나오죠. 아내와 함께 빅맥 세트를 2개 시킨 적이 있습니다. 그런데 아내는 프렌치프라이는 좋아하지만 햄버거는 그리 좋아하지 않습니다. 나는 반대로 프렌치프라이보다는 햄버거를 더 좋아합니다. 결국 내 프렌치프라이는 아내가 먹었고 아내의 햄버거 절반은 내가 먹었습니다. 교환을 통해 두 사람 모두 만족 수준이 높아졌습니다.

경제학에서 교환이 모두에게 이익을 가져다준다고 말하는 것은 "이익을 가져다주지 않는 교환은 성사되지 않을 것"이라는 생각에 기반하고 있습니다. 두 사람이 교환에 합의한다면 이는 두 사람 모두 이익을 보기 때문이라는 말이죠. 일반적으로 두 사람이 서로 다른 취향을 가지고 있을 때 교환의 이익이 커지고 교환이 실제 성사될 가능성도 높아집니다.

국가 간의 교역은 어떨까요? 개인 간 교환과의 공통점은 자발적 교역이 이루어지면 교환의 양방 모두 이익을 본다는 것입니다. 또한 두 사람이 서로 다른 취향을 가지고 있을 때 교환의 이익이 커지듯 국가 간 교역에서도 두 나라가 서로 다른 분야에서 경쟁력이 있을 때 교역의 혜택이 커집니다. 하지만 개인 간 교환과 국가 간 교역은 분명 다른 문제입니다. 국가는 수많은 구성원으로 이루어져 있어서 어떤 교역이 국가에 이익인지 아닌지 결정하기가 쉽지 않기 때문입니다.

자유 무역 협정(FTA)을 둘러싸고 논쟁이 생기는 것도 이 때문입니다. 두 나라 간에 자유 무역 협정을 체결하면 관세나 쿼터 등 각종 무역 장벽이 사라집니다. 하지만 이러한 자유 무역으로 모두가 득을 보는 건 아닙니다. 손해를 보는 사람도 생기는 만큼 "자유 무역이 국가 경제에 이익인가?"라는 질문에 답하기가 쉽지 않습니다.

자유 무역이 이루어지면 경쟁력이 높은 산업은 시장이 넓어져서 득을 보는 반면 경쟁력이 낮은 산업은 이윤율이 크게 낮아지거나 시장이 아예 없어질 수 있습니다. 가령 농업 분야의 생산성이 높은 나라 '가'가 공업 분야의 생산성이 높은 나라 '나'와 자유 무역을 하면, '가'의 농민과 '나'의 기업가는 득을 보지만 '가'의 기업가와 '나'의 농민은 손해를 봅니다.

그럼 자유 무역이 국가 경제에 이익인지 아닌지를 판단하는 방법은 없을까요? 경제학자들은 득을 본 사람의 이익이 피해를 입은 사람의 손해보다 크다면 전체적으로 이익이라는 결론을 내립니다. 이론적인 가정일 뿐이지만, 득을 본 사람의 이익으로 피해를 본 사람을 완전히 보상해 줘도 여전히 상당한 이익이 남는다면 모두가 이익을 볼 수 있다는 생각이죠.

교역 딸리다 성사되다 기반하다 쿼터 장벽

자유 무역 협정을 지지하는 사람들은 적절한 보상 방식으로 두 가지를 언급합니다. 첫째는 직접적 보상이고 둘째는 간접적 보상입니다. 값싼 농산물 유통으로 피해를 입을 농민을 위해 특별 기금을 만든다든지 하는 것은 직접적 보상에 해당됩니다. 그런데 직접적 보상은 재원 확보의 문제가 있습니다. 재원 확보를 위해 소득세를 인상할 경우 형평성의 문제에 부딪히게 됩니다. '득 보는 사람 따로 돈 내는 사람 따로'라는 비난을 받을 수 있습니다. 교수나 교사와 같이 자유 무역 협정의 수혜자도 피해자도 아닌 사람들은 소득세 인상에 반대할 것입니다.

자유 무역 협정이 체결되면 경제 성장률이 오르고 일자리가 늘어 결국 그 혜택이 전 국민에게 돌아갈 것이라는 말은 간접적 보상을 일컫습니다. 경제 성장률이 오르고 일자리가 늘면 월급도 오를 것이고, 자유 무역 협정으로 직업을 잃은 사람은 새로 생겨난 일자리로 옮겨서 이전보다 더 높은 소득을 얻을 수 있으므로 가장 효과적인 보상 방식이라는 말입니다.

하지만 평생 농사만 짓던 사람이 몇 달 재취업 교육을 받는다고 해서 자동차 디자인이나 반도체 개발을 할 수 있는 건 아닙니다. 다른 제조업 혹은 서비스업으로 이직이 불가능하지는 않겠지만 고소득 업종에 진입할 가능성은 매우 낮습니다. 새로 생겨난 일자리, 올라가는 임금 등 자유 무역 협정의 간접적 혜택 역시 1차적 수혜자에게 집중될 가능성이 높습니다.

세계화는 거스를 수 없는 추세입니다. 무역 장벽을 제거하고 자유 무역을 하면 경제 전체의 생산성이 높아질 것은 분명합니다. 문제는 경쟁에서 도태되어서 없어지는 산업에 종사하는 사람들에게 어떤 보상이 이루어져야 하는가에 있습니다. 단순히 '자유 무역을 해야 한다', '아니다'라고 잘라 말할 수 없는 이유는 여기에 있습니다.

(출처: 김대환, 『하버드 박사의 경제학 블로그』(일부 재구성))

1 다음 표를 완성하십시오.

개인 간 교환과 국가 간 교역	
공통점	1) ________ 교역이 이루어지면 교환의 2) ________ 모두 이익을 본다.
	두 사람이 서로 다른 취향을 가지고 있을 때 3) ________ 의 이익이 커지듯이 두 나라가 서로 다른 분야에서 4) ________ 이/가 있을 때 교역의 혜택이 커진다.
차이점	국가는 수많은 5) ________ 으로/로 이루어져 있어서 어떤 교역이 한 국가에 이익인지 아닌지 결정하기가 쉽지 않다.

기금　재원　인상하다　형평성　수혜자　일컫다　고소득　거스르다

2 각 보상 방식과 관계있는 설명을 찾아서 연결하십시오.

1) 직접적 보상 •

2) 간접적 보상 •

• 재원 마련 과정에서 형평성의 문제가 발생할 수 있다.

• 자유 무역으로 경제가 성장하여 그 혜택이 전 국민에게 돌아갈 것이다.

• 자유 무역으로 인한 득실이 없는 사람들은 세금 인상을 반대할 것이다.

• 자유 무역 협정으로 혜택을 받은 사람들이 1차적 수혜자가 될 가능성이 높다.

3 글의 내용과 같은 것을 고르십시오. (　　)

① 두 사람이 서로 선호하는 것이 비슷할 때 교환의 이익이 커진다.
② 자유 무역 협정은 농업 생산성이 높은 나라의 농민에게 득이 된다.
③ 경제학에서는 이익 발생 여부에 상관없이 교환이 일어난다고 본다.
④ 피해를 입은 개인에게 득을 본 개인이 보상해 줄 실제적 방법이 있다.

4 자유 무역 협정으로 손해를 본 사람들에 대한 직접적 보상으로 맞는 것을 고르십시오. (　　)

① 영화 시장 개방으로 피해를 본 영화인들을 위해 기금을 만든다.
② 교육을 통해 실업자들이 고소득 업종에 다시 취업하도록 돕는다.
③ 경제 전반의 생산성을 높여서 월급을 많이 받을 수 있게 해 준다.
④ 무역 장벽을 없애서 국가 간 물류 거래가 더욱 원활해지도록 한다.

Ⅲ. 정리해 봅시다

자유 무역 협정으로 손해를 본 국민에게는 어떻게 보상해 주면 좋을까요? 이야기해 봅시다.

20과 과학과 미래

1. 첨단 과학과 생활

MP3 / 48

• 학습 목표: 미래 사회를 상상한 글을 읽고 이해할 수 있다.

Ⅰ. 준비해 봅시다

1 일상생활에 가장 큰 변화를 일으킬 기술은 무엇이라고 생각합니까?

2 여러분이 과학자라면 어떤 신제품을 개발하고 싶습니까?

Ⅱ. 읽어 봅시다

다음 글을 읽고 질문에 답하십시오.

조금만 쉬려고 했는데 잠이 들었나 보다. 전화벨이 울리는 소리에 '딱' 하고 가볍게 손가락을 튕기니 천장에 동생 얼굴이 뜬다. 인공 지능 도우미가 있어서 늦을 리 없다는 걸 알 텐데도 동생은 오늘의 약속이 얼마나 중요한지 아냐며 몇 번이나 늦지 말라는 잔소리를 한참 한 후에 전화를 끊는다. 침대에서 일어나 인공 지능 도우미로부터 오늘 약속 시간과 장소에 대해 설명을 들으면서 욕실로 들어간다. 내가 좋아하는 39.5도의 라벤더 향기로 설정된 샤워 프로그램으로 간단히 마사지를 받고 나서 옷장 앞에 선다. 오랜만의 가족 모임이니만큼 오늘은 좀 잘 차려입고 싶어서 최근 유행하는 의상을 기반으로 도우미가 추천한 옷 중 한 가지를 골랐다.

도우미가 오늘 의상에 맞게 머리를 손봐 주더니 준비된 옷을 입혀 준다. 요 며칠 사이 식욕이 없어서 살이 좀 빠졌는데 자동으로 내 사이즈를 측정해서 옷을 준비했는지 새 옷은 크다는 느낌이 없이 몸에 딱 맞는다. 얼마 전 새로 출시된 의상 프로그램 덕분에 항상 새로운 옷을 입을 수 있어서 참 좋다. 전에는 패션에 관심이 많아도 환경 오염 때문에 늘 새 옷을 살 때마다 마음이 무거웠는데 이 프로그램은 가지고 있는 옷을 계속 재활용해서 옷을 만드니 환경 걱정 없이 새로운 스타일의 옷을 입을 수 있다.

옷을 갈아입고 약속 장소로 가기 위해 광속 자동차에 탔다. 바다를 좋아하시는 부모님을 위해 오늘 가족 모임은 하와이에서 하기로 했다. 서울에서 하와이는 40분쯤 걸리니 지금 출발해야 여유 있게 도착할 수 있을 것 같다. 지난번에는 동생이 브라질에서 만나자고 하는 바람에 한 시간이나 자동차를 타야 했다. 돌아가면서 장소를 정하기로 했으니 동생도 좋아하는 곳을 선택할 수 있다고 쳐도 브라질은 한국에서 가기에 정말 멀었다. 다음번에는 도쿄나 베이징 같은 서울 근처에서 만나자고 해야지. 자동차에 식당 위치를 입력하고 출발 버튼을 누르자 자동차가 빠른 속도로 출발했다. 40분 동안 나는 지난번에 읽다가 덮어 두었던 책을 마저 읽을 생각으로 의자를 조금 뒤로 젖히고 편안하게 앉았다. 모든 서류가 디지털화된 오늘날 여전히 종이로 된 책을 좋아하는 나를 보며 동생은 사치스럽다고 하지만 내가 부자들처럼 종이책을 사서 모으는 것도 아니고 그저 한 달에 한두 권 정도 도서관에서 빌려 읽는 것은 나쁘지 않은 취미라고 생각한다.

잠깐 책을 읽는 사이에 하와이 식당에 도착했다. 축소 기능으로 작게 만든 차를 주머니에 넣고 식당으로 들어갔다.

손가락을 튕기다 손봐 주다 광속 마저 디지털화

식당에는 벌써 동생이 와 있었다. 동생과 인사를 한 후 부모님이 도착하시기 전에 꼼꼼하게 주문을 확인했다. 오늘 예약한 식당은 원하는 맛은 물론 각자의 건강 정보를 이용하여 필요한 영양소를 보충한 음식을 준비해 준다. 아버지는 최근 몸무게가 늘어서 고기 맛은 그대로 즐길 수 있지만 열량은 낮은 스테이크로 주문을 해 드렸다. 주문을 마치고 나니 부모님께서 들어오셨다. 동생과 나는 티는 내지 않았지만 살짝 엄마의 다리를 쳐다봤다. 사실 오늘의 외식은 얼마 전 인공 관절로 교체하신 엄마의 수술이 잘 끝난 것을 축하하기 위한 자리이다. 문제가 생긴 부위를 인공 신체로 바꾸는 것이 대단한 수술이 아니라는 걸 나도 동생도 알고 있지만 그래도 부모님 건강은 늘 염려가 된다. 인공 신체 기술의 발전으로 이제 우리는 더 이상 나이를 먹지 않고 모두 젊고 아름다운 모습을 유지할 수 있게 되었다. 아마도 누군가 지금 식탁에 둘러앉은 우리를 본다면 부모님과 자녀라기보다 아마 같은 나이 또래의 친구라고 생각하겠지? 모두가 도착하자 주문한 음식이 가볍게 날아와 우리 식탁 위에 놓이기 시작했다.

1 이 글은 무엇에 대해서 이야기하고 있습니까?

2 미래 사회의 모습과 다른 것을 고르십시오. (   )

① 인공 지능 도우미가 모든 일정을 관리한다.
② 광속의 차를 이용하여 빠르게 이동할 수 있다.
③ 인공 신체의 발달로 늙지 않고 젊게 살 수 있다.
④ 기술의 발달로 종이책을 저렴하게 구할 수 있다.

3 글쓴이에 대한 설명으로 맞는 것을 고르십시오. (   )

① 옷을 잘 차려입지만 패션에는 관심이 없다.
② 부모가 나이 들어 늙어 가는 것을 걱정한다.
③ 시간이 있으면 도서관에서 책을 빌려 읽는다.
④ 최근 몸무게가 늘어서 다이어트를 하고 있다.

열량

4 글에서 묘사한 미래 사회의 모습입니다. 빈칸을 채우십시오.

기술 분야	미래 사회의 모습
인공 지능	- 하루의 일과를 조정하고 알려 줌.
복식	- 몸에 맞는 사이즈로 새 옷을 만들어 줌. - 한 번 입은 옷을 계속 재활용할 수 있어 1) ____________ 이/가 없음.
교통	- 2) ____________ 자동차의 개발로 이동 속도가 빨라짐. - 자동차의 3) ____________ 을/를 작게 줄일 수 있어 주차 걱정이 없음.
식생활	- 각자의 4) ____________ 을/를 바탕으로 필요한 5) ____________ 을/를 보충함. - 맛은 동일하지만 음식의 6) ____________ 을/를 조절할 수 있음.
의료	- 7) ____________ 이/가 보편화됨. - 늙지 않고 늘 젊은 모습을 유지할 수 있음.

Ⅲ. 정리해 봅시다

여러분이 꿈꾸는 미래 사회는 어떤 모습인지 이야기해 봅시다.

보충하다 동일하다

20과 과학과 미래

2. 융합의 시대

MP3 / 49

• 학습 목표: 융합에 대한 이야기를 듣고 이해할 수 있다.

Ⅰ. 준비해 봅시다

1 현대인에게 가장 중요한 역량은 무엇이라고 생각합니까?

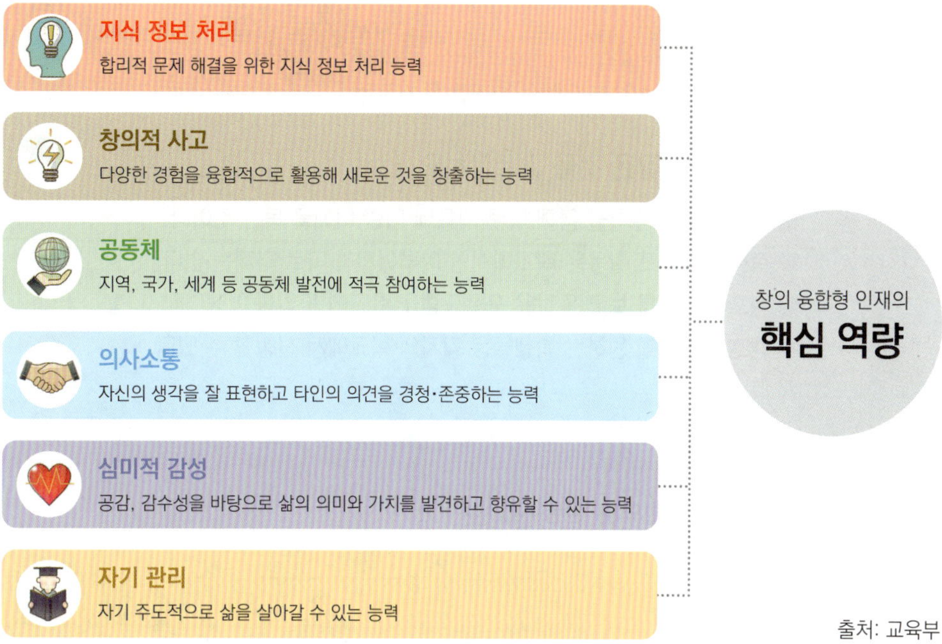

출처: 교육부

2 여러분은 변화하는 사회에 대비하여 어떤 노력을 하고 있습니까?

자기 관리 심미적

II. 들어 봅시다

[1] 듣고 질문에 답하십시오.

1 들은 내용과 같은 것을 고르십시오. (   )

① 캠프 목적은 수학을 통해 다른 과목에 대한 이해를 돕는 것이다.
② 학생들의 캠프 활동은 학교에서만 이루어지며 따로 과제는 없다.
③ 캠프의 성과를 보고 똑같은 프로그램을 학교에 도입할 예정이다.
④ 캠프에 참여를 원하는 학생들은 각자의 학교에서 신청할 수 있다.

[2~3] 듣고 질문에 답하십시오.

2 어떤 행사에서 들을 수 있는 이야기입니까? (   )

① 학위 수여식　② 진학 설명회　③ 대학교 입학식　④ 고등학교 졸업식

3 들은 내용과 같은 것을 고르십시오. (   )

① 이 대학교는 올해로 개교 10주년을 맞는다.
② 현대에는 지식의 양이 중요한 지표가 된다.
③ 이 학부는 창의적 인재 양성을 목표로 한다.
④ 학부장은 신입생이 선배들을 본받기 바란다.

연계하다　성취도　세부적　관내　발맞추다　창설하다　산실　활약　학술지
입지　이념　유일하다　학제적　도약하다

[4~6] 다시 듣고 질문에 답하십시오.

4 들은 내용으로 알 수 없는 것을 고르십시오. (　　)

① 이 학부 졸업생의 활약
② 학년별 전공과 교양 수업
③ 글로벌 융합 공학부의 교육관
④ 이 대학교가 지향하는 인재상

5 들은 내용과 같으면 O, 다르면 X 하십시오.

1) 이 이야기를 하는 사람은 글로벌 융합 공학부를 졸업했다. (　　)
2) 이 학부는 졸업생을 다양한 분야에 취업시키기 위하여 노력한다. (　　)

6 내용을 바르게 이해한 사람의 말을 고르십시오. (　　)

① "글로벌 융합 공학부는 생각보다 인기가 없네."
② "대학이 정답을 가르쳐야 한다는 말에 나도 동의해."
③ "미래에 성공하려면 역시 지식의 양이 중요하겠네."
④ "멋진 선배들처럼 나도 공부를 하면서 내 길을 찾겠어."

Ⅲ. 정리해 봅시다

여러분은 한국어 공부를 마친 후에 어떠한 시작을 준비하고 있습니까?

MP3 / 50

다음 글을 읽고 질문에 답하십시오.

공정 무역과 공정 무역 도시

공정 무역이란 무역을 하는 두 국가가 동등한 위치에서 상품이나 용역을 사고파는 것을 의미한다. 국제 사회에서는 국가 간 힘의 논리에 따라 약소국 노동력이 강대국에 의해 충분한 값을 받지 못하는 경우가 적지 않다. 이러한 불평등이 계속되는 한 약소국의 농민, 노동자, 생산자는 빈곤 문제에서 벗어날 수 없다. 공평하고 윤리적인 무역은 세계적인 빈곤 문제 해결에 중요한 조건이며 나아가 환경, 인권, 난민, 불평등 등 다양한 사회 문제를 해결하는 데에도 필요한 조치이다.

공정 무역 실천과 정착은 개인의 노력으로만 되는 것이 아니라 지자체 수준의 참여가 필요하다. 이러한 관점에서 국제 공정 무역 기구는 공정 무역을 지지하며 윤리적 소비 운동에 참여하는 공정 무역 도시를 지정하고 있다. 한국 최초의 공정 무역 도시는 인천광역시이다. 인천광역시는 2010년 공정 무역 도시를 지향한다고 선언하였고 2017년 공정 무역 도시로 인증을 받았다. 인천시는 공정 무역을 지지하고자 공정 무역 제품 판매처를 통하여 커피, 초콜릿, 사탕 등의 다양한 공정 무역 제품을 판매하고 있다. 또한 학교 교육, 캠페인, 마을 모임 등과 같은 다양한 활동을 통하여 시민들에게 공정 무역에 대한 관심을 유도하는 행사를 진행한다.

인천광역시를 시작으로 2020년 기준, 서울특별시, 부천시, 화성시, 하남시, 광명시, 수원시, 시흥시 등 총 12개 도시가 공정 무역 도시로 인증을 받았다. 앞으로도 공정 무역 도시는 더욱 증가할 것으로 예상되는데 이와 함께 공정 무역 거래와 윤리적인 소비 습관도 함께 정착될 것으로 기대된다.

1. 이 글의 내용과 같은 것을 고르십시오. (   )

① 불평등의 해소는 약소국의 빈곤 문제 해결에 중요하다.
② 공정 무역의 실천은 개개인의 노력으로 충분히 가능하다.
③ 인천광역시는 가장 최근에 공정 무역 도시로 지정되었다.
④ 공정 무역 도시에서는 공정 무역과 관련한 제품을 생산한다.

2. 공정 무역을 실천하기 위해 필요한 마음가짐에는 어떤 것이 있습니까?

약소국　조치　인증　유도하다

재벌

재벌은 여러 업종의 회사를 가족이나 친척들이 경영하는 기업 집단을 의미하는 경제 용어이다. 한국만의 독특한 기업 문화로, 한국 경제 성장의 핵심 키워드이기도 한 '재벌'은 영어 사전에도 한국어 발음 그대로 등재되어 있다.

재벌 형성의 물적 기초는 1950년대에 해외 원조와 은행 융자 특혜를 입고 성장한 3백(제분, 제당, 면방직) 산업이었다. 그 후 60년대에 정부의 수출 주도적 경제 성장 정책과 지원에 힘입어 재벌들은 경공업 중심의 신흥 산업을 일으킬 수 있었고, 이를 기반으로 70년대에는 중화학 공업을 장악하며 실질적으로 한국 경제에 대한 지배력을 확립하게 된다. 정부는 이 시기에 중화학 공업 위주의 수출 산업을 육성하기 위해 금융과 세제 등 정책적 지원을 아끼지 않았다.

1970년대 말에 중화학 공업에 대한 투자 과잉, 세계적 불황으로 인한 수출 감소, 제2차 석유 파동 등으로 재벌들은 심각한 위기를 맞지만 구조 조정을 통해 1980년대 이후 지배 구조를 더욱 공고히 할 수 있게 된다. 그 결과 광공업 분야에 대한 재벌의 지배력이 더욱 강해졌고 금융 부문에 대한 진출도 확대되면서 재벌은 본격적으로 한국 경제를 주도하게 된다.

1997년 외환 위기를 극복하는 과정에서 재벌은 계열 기업의 축소, 주력 업종 간의 교환 등 대대적인 개혁을 했다. 이러한 개혁을 거친 후 2000년대에는 삼성·LG·현대·SK와 같은 글로벌 기업이 출현하게 되었고, 현재 한국의 재벌은 재정비 및 다음의 젊은 세대로 경영권이 승계되는 과정에 있다.

재벌은 한국의 고도 경제 성장과 함께하면서 그 과정에서 강한 추진력이 되어 주었고, '규모의 경제'로 경제의 효율성을 높였다는 데 의의가 있다. 재벌은 외부 자본의 도움 없이 사업을 일으켰고 경기 변동에 관계없이 새로운 회사를 창업해 국가 경제에 도움을 주었다. 외부 충격을 완충시켜 한국 경제의 안정적 성장에 이바지했으며 외환 위기 이후 경쟁력 있는 글로벌 기업의 출현에도 기여했다.

하지만 재벌의 문어발식 사업 확장으로 인해 중소기업이 자생력을 잃었고 그리하여 한국 경제는 뿌리가 약한 기형적인 경제 구조를 갖게 되었다는 비판도 있다. 또한 대기업을 소유한 소수의 경영주 일가가 '쥐꼬리 지분'으로 그룹 전체를 지배하고 '황제 경영'을 한다는 비난도 받는다. 오늘날 한국의 재벌은 공정한 경제 가치 실현을 위해 적극적인 개혁을 요구받고 있다.

1. 한국 경제에서 재벌이 갖는 의의는 무엇입니까?

2. 여러분 나라의 경제 발전에 큰 영향을 미친 회사는 어디입니까? 그 회사는 어떻게 국가 경제 발전에 이바지했습니까?

물적 융자 신흥 장악하다 불황 파동 공고히 출현하다 승계되다
완충시키다 기형적 일가

부록

듣기 지문
모범 답안
어휘 색인
참고 자료

듣기 지문

11과 <2> 전통의 재창조

II. 들어 봅시다

[1]

앵커: 전통을 새롭게 재해석하는 바람이 불고 있어서 화제입니다. 그간 다양한 재료나 조리법을 사용한 한식의 현대화 시도가 종종 있었는데요. 최근에는 한식뿐 아니라 다양한 영역에서 이와 같은 시도가 나타나고 있습니다.

먼저 눈에 띄는 변화는 한복의 현대화가 있겠습니다. 한복은 그간 명절과 같은 행사 자리에서만 입는 옷, 편의성이 떨어지는 옷으로 평가되어 왔습니다. 편의성을 고려한 생활한복도 젊은 세대 사이에서는 거의 주목을 받지 못했었는데요. 하지만 최근 유명 아이돌이 무대 의상으로 현대적인 디자인을 가미한 한복을 선택하면서 한복에 대한 관심이 뜨거워졌습니다. 이러한 관심에 호응한 젊은 디자이너들이 한복의 곡선을 살리되 편의성도 놓치지 않은 젊은 감성의 다양한 디자인을 선보였고, 이들을 중심으로 새로운 한복 시장이 형성되고 있습니다.

국악에서도 이러한 움직임이 두드러집니다. 지난해 인기를 끌었던 '풍류대장' 같은 방송들은 그간 주목받지 못했던 국악을 기반으로 하되 국악의 매력을 새롭게 해석한 무대를 꾸며 사랑을 받았는데요. 국악 가창법으로 현대 가요를 재해석해 부르는 무대나 국악에서 자주 사용하는 악기들로 구성된 무대가 시청자들에게 큰 호응을 얻으며 새로운 유행을 만들고 있습니다.

전문가들은 대중의 이러한 관심이, '케이(K) 문화'로 세계적 주목을 받고 있는 한국 문화에 대한 한국인들의 문화적 긍지와 더불어, 익숙한 것과 새로운 것이 조화를 이루어 사람들의 호기심을 자극하기 때문이라고 분석하고 있습니다. 가장 민족적인 것이 가장 세계적인 거라는 독일 작가 괴테의 말처럼, 다양한 분야에서 나타나는 전통문화에 대한 새로운 해석이 한국 문화의 세계화를 지속케 할 원동력이 되어 줄 것으로 기대됩니다.

[2~6]

진행자: 국악에 대한 관심이 뜨겁습니다. 오늘 '이영하의 음악 여행'에서는 퓨전 판소리로 시청자분들께 많은 사랑을 받고 있는 그룹 '지화자'를 모셨습니다. 안녕하세요? 먼저 소개를 좀 부탁드립니다.

김하늘: 안녕하세요? '지화자'의 대표이자 소리꾼 김하늘입니다. 이렇게 불러 주셔서 정말 감사합니다. 저희는 판소리와 현대 음악을 전공한 소리꾼 세 명과 국악을 전공한 연주자 세 명이 모여서 같이 음악을 하고 있습니다. 학교 동아리로 시작했던 활동이 이렇게 큰 사랑을 받을 줄 몰랐어요.

진행자: 아, 대학교에서 동아리 활동으로 모이신 거군요. 요즘 가장 주목을 받는 음악 단체가 바로 '지화자'라고 생각되는데요. 인기를 실감하시죠? 이렇게 큰 관심을 받게 된 비결이 뭐라고 생각하세요?

김하늘: 네, '이영하의 음악 여행'에 초대받고 보니 '저희가 진짜 인기가 있나 보다.' 실감이 납니다. 저희 음악을 아껴 주시는 많은 분들이 저희 음악이 가진 적당한 익숙함과 적당한 낯섦이 멋지다고 말씀해 주시더라고요. 그동안 판소리를 생각하면 다들 오래되고 지루한 것으로 생각하는 경우가 많았잖아요. 판소리 하면 한복을 입고 부채를 들고 서서 고수의 장단에 맞춰 노래하는 모습을 떠올리시죠. 이렇다 보니 직접 판소리를 들어 본 분은 많지 않은데도 판소리는 지루한 것이라고 쉽게 고정 관념을 가져 버리시죠. 하지만 판소리가 이야기를 끌어가면서 그 장면을 어떻게 표현하고 있는가를 보면 정말 흥미롭거든요. 등장인물의 표정과 행동을 묘사하는 표현을 듣고 있으면 마치 그 장면이 눈에 보이는 것 같아요. 더욱이 판소리는 한 편의 소설 같은 이야기를 중심으로 노래가 전개되기 때문에 남녀 간의 사랑에만 집중되어 있는 대부분의 가요와 비교해 보면 음악적 표현뿐만 아니라 주제도 신선하고요. 이 외에도 판소리 특유의 가창법은 사실 판소리를 즐겨 듣지 않는 분들에게는 굉장히 낯선 것이죠.

저희는 그러한 판소리에 익숙한 박자를 더함으로써 대중화를 꾀했습니다. 판소리의 표현과 이야기 내용, 그리고 특유의 가창법과 현대적인 박자가 더해지면서 저희 노래가 신선하게 느껴지셨을 것 같습니다.

진행자: 익숙함과 낯섦의 조화라는 말이 정말 맞는 것 같습니다. 저도 '지화자'의 음악을 들으면서 비슷한 생각을 한 적이 있습니다.

얼마 전에는 한국 관광 공사와 함께하신 영상이 조회 수 2억 회라는 기록을 남기며 인기를 끌었지요? 영상 속에서 '지화자' 노래에 맞춰 춤을 추는 분들도 굉장히 독특하더군요. 의상이며 움직임이 아주 새로웠어요. '지화자'의 감각적인 국악에, 개성이 넘치는 춤이 완벽하게 조화를 이루었다는 평도 있었습니다만, 그 작업은 어떤 준비 과정이 있었는지 궁금합니다.

박한별: 이건 제가 대답할게요. 안녕하세요? 저는 건반을 맡고 있는 박한별입니다. 이렇게 대답을 하면 조금 실망하실 것 같은데 특별한 준비 과정은 없었습니다. 그저 저희 음악을 바탕으로 무용수 선생님께서 동작들을 구성해 오셔서 현장 상황과 지형에 따라 동선을 배치하는 방식으로 진행되었으니까요. 춤과 음악이 조화를 이루려면 조율이 필요한 게 사실이지만 각자 맡은 전문적인 영역에 대한 믿음이 있는 데다가 또 서로의 감각과 방향성을 믿고 존중하고 있어서 특별한 연출이 필요하지는 않았던 것 같습니다.

진행자: 대답을 듣고 보니 서로의 영역을 존중하고자 하는 마음에서 영상 특유의 자유로움과 역동적인 분위기가 생성된 것은 아닌가 하는 생각이 드네요.

마지막 질문입니다. 지금의 인기와 성공을 계속 유지하기 위해서 나름의 음악적 고민이 있으실 것 같습니다. 이와 관련해서 가지고 계신 생각과 계획이 궁금합니다.

김하늘: 대중적으로 사랑을 받게 된 것은 기쁘고 감사한 일이지만, 말씀하신 대로 뜨거운 관심은 언젠가 사라질 것이 당연하다고 생각합니다. 특히 음악 시장이 좁은 데다가 유행이 빠른 한국이라 더더욱 그럴 텐데 그런 것에 흔들리지 않고 좋은 음악을 만드는 게 가장 기본이라 생각됩니다. 글쎄요, 마음을 비워야 한달까요?

그 외에 음악 외적인 부분에 대한 계획이 있는데요. 요즘은 음악을 감상한다고 할 때 음악만 듣기보다 영상과 더불어 즐기는 시대가 된 것 같습니다. 그래서 연출에도 더 신경을 써야 하는 것 같고요. 가지고 있는 여러 계획이 있지만 자세한 부분은 시간상 모두 말씀드리기 어려울 것 같습니다.

진행자: 네, 유행에 흔들리지 않는 '지화자'만의 음악적 세계! 앞으로의 활동이 기대됩니다. 이야기는 여기까지로 마무리하고 이제 여러분이 기다리시던, '지화자'의 음악을 들어 보는 시간을 갖겠습니다.

12과 <2> 기후 변화

II. 들어 봅시다

[1]

아나운서: 불지옥, 물 지옥, 얼음 지옥, 벌레 지옥, 하나만 있어도 끔찍한 일이 지난 한 달 동안 세계 각지에서 동시에 벌어졌습니다. 지난 16일 러시아에서는 벌레 떼의 습격으로 길과 차는 물론 공기 중에까지 진딧물이 가득했습니다. 한편 미국 북서부 지역은 현재 두 달째 산불이 이어지고 있지만 50도가 넘는 폭염으로 진화마저 어렵습니다. 그런데 미국 남부는 홍수가 난 상황이고요. 네 시간 동안 무려 800mm가 넘는 기록적인 폭우가 쏟아졌습니다. 이는 같은 지역 평년 4개월 치의 강우량입니다. 같은 시기 미국 중부에서는 1주 전만 해도 폭염이 기승을 부리던 지역에 갑자기 폭설이 내려 하루 만에 겨울이 되기도 했습니다. 미국뿐만이 아닙니다. 한국은 올여름 최악의 폭염을 기록했고 서유럽과 일본, 중국에서는 기상 관측 사상 가장 많은 폭우가 쏟아지면서 인명 피해가 속출했습니다.

기후 전문가들은 이러한 기상 이변의 원인을 조절되지 않는 온난화 속도에서 찾았습니다. 기후 변화에 관한 정부 간 협의체, 아이피시시(IPCC)가 2018년에 보고했던 것보다 빠르게 지구 온도가 상승한 결과라는 겁니다. 당시 아이피시시는 2050년쯤에 산업화 이전보다 1.5도 상승할 거라고 예측했었는데 이대로라면 그 시기가 더 빨라져 2030년 후반이 될 수도 있다고 보고 있습니다. 기온 상승이 1.5도를 넘으면 극한의 고온 현상은 산업화 이전보다 8.6배 증가하고 북극의 바다 얼음도 2050년 이전에 다 녹아버려서 해수면은 1m 이상 상승한다고 합니다. 기후 재앙은 먼 미래가 아니라 이제 우리의 현실입니다. YBC 조정민입니다.

[2~6]

사회자: 질문을 통해 세상을 배우는 '문답 강연' 시간입니다. 오늘은 기상청 국립 기상 연구소 이상기 박사님을 모셨는데요. 우리 모두 기후 위기에 대해 제대로 느끼는 뜻깊은 시간이 되기를 바라면서 박사님의 강연, 청해 듣겠습니다.

이 박사: 안녕하세요? 여러분도 요즘 뉴스에서 세계 곳곳에서 일어나는 산불 소식을 접하고 계실 텐데요. 산불이라는 게 겉으로는 실화나 방화로 다뤄지고 있지만, 과학자들은 그 본질을 기후 변화에 기인한 현상이라고 보고 있습니다. 지구가 고온 건조해지면서 장기적인 산불이 더 빈번히 발생하고 있다는 겁니다. 산업 혁명 이후 지난 100년 동안 지구 기온이 1도 상승했는데요. 학계에서는 3도까지 올라가게 되면 파국의 대혼란이 올 거라고 보고 있습니다.

수강자1: 박사님, 지구 온도가 3도 오르는 게 그렇게 큰일인가요?

이 박사: 그럼요. 지구의 기온 변화는 가장 빨랐을 때 10,000년 사이에 4도 상승했었다는 연구 결과가 있어요. 물론 이건 어디까지나 자연적인 변화였습니다. 그런데 인간은 무분별한 이산화 탄소 배출로 겨우 100년 만에 무려 1도나 기온을 상승시켰습니다. 이 1도만 해도 자연적인 기온 변화의 스물다섯 배에 달하는데 3도라고 하면 어마어마한 수치죠. 극단적인 이상 기후가 나타나고 해수면이 상승해서 낮은 지대의 도시나 나라들은 곧 물에 잠겨서 수몰되고 말 겁니다. 물이 부족해지고 식량이 부족해지는 등 지구 전체에 그러니까 우리 삶과 지구 문명에 치명적인 문제를 일으키게 되는 거죠.

수강자2: 기후 변화가 기아나 안보와도 관계가 있다고 들었는데 사실인가요?

이 박사: 네, 맞습니다. 기온이 상승하고 해수면이 올라가게 되면 농업 환경이 급격히 나빠집니다. 해수면 상승으로 작물을 재배할 수 있는 농지를 잃게 되고, 식물 생장에 적정한 온도까지 유지를 못하게 되면서 생산량이 급감하게 될 거니까요. 식량도 없고 삶의 터전도 잃게 된 난민들이 급증할 것이고, 이는 국가 간의 안보 문제로 이어지게 마련입니다. 최근 연구 보고에 따르면 기온이 2도 이상 오르게 되면 지구 전체 인구 중 약 7억 명이 기근이나 해수면 상승으로 난민이 될 가능성이 있다고 합니다. 이는 감당할 수 없는 수치죠.

수강자1: 어떻게 하면 이런 기후 위기를 현명하게 극복할 수 있을까요?

이 박사: 극단적으로 말씀드리면 사람이 없어져야 합니다.

수강자1: 네? 그 말씀은 해결책이 없다는 말씀이신가요?

이 박사: 농담이고요. 우리의 정치·경제·사회 전반에 걸쳐서 그리고 현대인의 가치관까지 대전환이 필요합니다. 지금까지는 경제 성장만을 바라보고, 또 인간을 중심으로 놓고 모든 정책을 펼쳤는데요. 이러한 성장 방식을 바꿔야만 합니다. 탄소 중립을 이루기 위해서는 재생 에너지에 더 많은 관심을 가지고 투자를 해야 하고, 이에 맞춰 산업 방식 또한 완전히 전환해야 합니다.

수강자2: 다행히 희망이 있다는 말씀이시죠?

이 박사: 네, 아직 회복 가능성이 완전히 없어진 것은 아닙니

다. 하지만 더 늦어지면 막을 수 없습니다. 인간 활동이 기후 변화를 초래할 수는 있지만 일단 기후 위기가 오게 되면 인간은 결코 그걸 통제할 수 없기 때문입니다.

기후 학자들이 정리한 바에 따르면 기온이 1도 상승한 것은 감지할 수 있는 수준의 상승이나, 1.5도 상승은 폭염이나 한파 같은 이상 기온을 일상적으로, 전 세계적으로 경험하게 되는 수준입니다. 그리고 기온이 2도 상승하게 되면 이제 지구는 회복력을 상실한 상태가 되고, 인간은 생존에 위협을 받는 극한 상황에 직면하게 됩니다. 회복력을 잃은 지구가 스스로 온도를 증폭시키고 변화시키기 때문에 그때가 되면 인간이 할 수 있는 일은 아무것도 없습니다.

수강자1: 사실 우리는 '여름에 날씨가 전보다 좀 더워졌구나.', '전보다 여름이 길어졌구나.' 이 정도로만 체감할 뿐이고 당장 큰 불편을 느끼지 않으니까 현재 상황에 둔감한 면이 없지 않아 있습니다. 기후 변화의 심각성에 대해서 널리 알려서 전 국민이 자각하고 동참할 수 있도록 해야겠습니다. 국가나 기업, 그리고 개인이 모두 나서야 할 때인 것 같습니다.

이 박사: 네, 우리가 이러한 파국의 기후 위기를 막을 수 있는 마지막 세대라는 점 꼭 기억해 주시기 바랍니다.

11~12과 <복습>

강사: 안녕하세요, 여러분. 저는 이번 학기 여러분과 함께 민화를 그리게 된 박유림입니다. 모두 아시는 바와 같이 한국의 전통 민화는 일반 서민들이 그린 그림이기 때문에 생활과 관련된 소재가 많고, 한국 사람들의 문화를 그대로 담고 있습니다. 전통적인 민화에서는 부귀영화를 상징하는 '모란도', 그릇된 것을 쫓고 좋은 기운을 가져다 준다는 '맹호도', 건강, 장수를 의미하는 '십장생도'와 같이 몇 가지 주제와 소재가 자주 반복됩니다. 이번 학기 수업에서는 전통 소재뿐만 아니라 현대적인 소재를 추가한 새로운 느낌의 민화를 그려 보려고 하는데요. 커피잔에 꽂힌 모란꽃이라든가 서울 타워를 배경으로 하는 호랑이 그림과 같은 전통적 소재와 현대적 소재가 조화를 이룬 자유로운 주제를 선택하시면 좋겠습니다.

최근 전통에 대한 관심이 커지면서 취미로 민화를 그리시는 분들도 많이 늘어났는데요. 물론 전통적인 방식을 따라 종이와 붓을 사용해서 민화를 그리시는 분들도 있지만, 저처럼 컴퓨터 프로그램을 사용해서 그리실 수도 있답니다. 컴퓨터 민화 작업은 전통적인 방법보다 훨씬 시간을 절약할 수 있고 재료비도 저렴하다는 장점이 있습니다. 또한 마음에 드는 작품을 엽서나 공책에 인화하면 나만의 제품도 만들어 볼 수 있고요.

오늘은 먼저 색이 변해 가는 것을 표현하는 '바림' 기법을 연습해 보겠습니다. 나눠 드린 그림을 보시면서 어떻게 표현하면 좋을지 한번 같이 이야기해 볼까요?

13과 <2> 미래 사회의 모습

Ⅱ. 들어 봅시다

[1]

사회자: 다양한 영화를 비교하고 소개하는 '영화와 팝콘' 시간입니다. 오늘은 먼저 극장가에서 예매율 1위를 달리고 있는 영화 '시간 이탈자'로 이야기를 시작해 볼까 합니다. 영화 '시간 이탈자'에는 꿈을 통해 서로의 일상을 엿보게 되는 두 남자가 등장합니다. 1983년에 살고 있는 고등학교 음악 교사와 2025년에 사는 강력계 형사는 각각 생명을 위협받는 사고를 겪은 뒤 꿈을 통해 서로 이어지게 됩니다.

형사를 통해 2025년의 세상을 볼 수 있게 된 음악 교사는 전화도 되고 계산기로도 사용할 수 있고 심지어 TV도 볼 수 있는 스마트폰을 마냥 신기해하죠. 이 선생님은 학생들에게 2025년엔 사람들이 손에 작은 전화기 하나씩을 가지고 다닌다고 설명하지만 그런 미래를 상상할 수 없는 학생들은 선생님 이야기를 듣고 웃음을 터뜨립니다. 1983년의 사람들에게 스마트폰은 정말 꿈같은 이야기였기 때문이겠죠.

그런가 하면 미래를 여행할 수 있는 남자의 삶과 사랑을 다룬 영화, '내일로'에서는 30년 뒤의 미래 주택이 자세히 나옵니다. 집 안 모든 물건이 사물 인터넷으로 연결되어서 거주자의 생활 습관과 건강 상태를 인지하고 실내 여러 장치가 자동으로 조절되는 모습이 그럴싸하다는 평을 받기도 했습니다. 또한 영화 속에 등장한 무인 대중교통 수단이 인터넷상에서 큰 화제가 되기도 했습니다. 운전석이 따로 없는 버스에서 하루 일정을 확인하며 이동하는 주인공의 모습, 저도 몹시 신기했는데요.

글쎄요, '시간 이탈자'의 학생들이 21세기의 기술을 듣고 웃어 버린 것처럼 오지 않은 30년 후의 미래가 저로서는 그저 아득하기만 합니다. 이번 주말에는 다양한 시간 여행을 다룬 영화로 과거와 현재, 그리고 미래를 한번 꿈꿔 보시는 건 어떨까요? '영화와 팝콘'이었습니다.

[2~6]

진행자: 안녕하세요? 오늘 '라디오, 책을 소개합니다' 코너에서는 최근 큰 인기를 끌고 있는 『이공오공(2050) 미래 사회 보고서』에 대해서 저자이신 유기윤 교수님을 모시고 이야기 나눠 보겠습니다. 교수님, 안녕하세요?

교수: 네, 안녕하세요?

진행자: 책이 큰 인기를 끌면서 요즘 매우 바쁘실 텐데 이렇게 귀한 시간 내 주셔서 정말 감사드립니다. 본격적으로 미래 사회에 대한 이야기를 나누기 전에 어떻게 이런 주제로 책을 쓰게 되셨는지 여쭤 보고 싶습니다.

교수: 사실 이 책을 쓴 가장 큰 이유는 저희 학생들 때문입니다. 저는 대학에서 학생들을 가르치고 있는데 생각보다 많은 학생들이 빠르게 변화하는 현대 사회 속에서 미래에 대해 막연한 두려움을 느끼고 있더군요. 미래에 대비해야 한다는 것은 모두 알고 있지만 정작 미

래가 어떻게 흘러갈 것인가에 대해 진지하게 성찰하는 자리는 부족했던 것 같습니다. 그래서 오랜 시간 사회를 관찰하며 제가 연구하고 느낀 점을 소박하게나마 이야기해 보고자 했습니다.

진행자: 소박하다니요. 너무 겸손한 말씀이십니다. 교수님 말씀처럼 모두 미래의 주인공이 되길 원하지만 앞으로의 변화를 예측하기란 쉽지 않을 것 같은데요. 교수님께서는 미래 사회를 어떻게 보십니까?

교수: 미래 사회의 다양한 영역이 있겠습니다만 저는 세 가지 키워드를 중심으로 변화를 요약해 보았습니다. 세 가지 키워드는 플랫폼, 인공 지능, 가상 현실입니다.

진행자: 플랫폼과 인공 지능 그리고 가상 현실이요? 제가 이 분야에 대해 아는 것이 많지 않아서 그런지 언뜻 들으면 잘 연결이 되지 않는 개념들인데요. 하나하나 좀 풀어서 설명을 해 주시면 좋겠습니다.

교수: 네, 먼저 플랫폼이라고 하는 것은 여러 정보를 연결해 주는 서비스를 얘기합니다. 청취자 여러분도 자주 사용하시는 유튜브, 구글, 아마존, 네이버, 다음 같은 각종 인터넷 포털 사이트도 플랫폼으로 분류될 수 있겠습니다. 최근에는 플랫폼들이 점차 세계화되고 거대화되는 추세입니다. 이와 같은 플랫폼을 기반으로 하는 서비스가 확대되면 점차 지역 상권을 약화시키는 결과를 가져옵니다. 그리고 지역 상권 약화는 결국 많은 일자리의 감소로 이어지게 되겠지요. 지금 같은 서비스를 제공하기 위한 인력은 축소되는 방향으로 개편되어 플랫폼 서비스 유지를 위한 소수의 인력만이 남게 될 것으로 예상이 됩니다.

진행자: 플랫폼의 세계화와 거대화가 인력 개편으로 연결된다는 말씀이시군요.

교수: 그렇습니다. 두 번째로 이야기하고 싶은 것은 인공 지능입니다. 이 인공 지능은 플랫폼과도 매우 깊은 연관이 있는데요. 플랫폼의 많은 부분이 인공 지능을 기반으로 운영이 되고, 동시에 인공 지능 역시 플랫폼을 기반으로 발전하기 때문에 인공 지능과 플랫폼의 밀접한 관계를 인정하지 않을 수가 없습니다. 이미 주변에서 보시는 바와 같이 인공 지능이 인간의 육체노동을 대신하고 있고 점차 더 많은 영역에서 인간 노동을 대체하게 될 겁니다. 결국, 인공 지능으로 인해서 노동하지 않는 인구는 더 크게 증가할 것입니다.

진행자: 노동하지 않는 미래 사회. 잘 상상이 되지 않는데요. 노동하지 않는 인구가 증가한다는 말이 저는 행복하게도 들리고요. 저처럼 이해해도 될까요?

교수: 글쎄요. 그렇다기보다는 오히려 노동하기 위해, 직업을 갖기 위해 더욱 치열한 경쟁을 해야 한다는 뜻입니다. 하지만 변화에 어떻게 준비하냐에 따라서 오히려 지금보다 더 큰 기회를 잡을 분들도 물론 여럿 계시겠지요.

진행자: 네, 제가 완전히 잘못 이해했네요. 오히려 일자리를 찾기 위한 경쟁이 더욱 심해진다는 말씀이군요. 교수님, 그럼 마지막 키워드로 꼽으신 가상 현실에 대해서도 한 말씀 해 주시겠습니까?

교수: 네, 최근 현실의 여러 제약을 넘어설 수 있는 가상 현실이 큰 인기를 끌고 있습니다. 제법 흔해진 온라인 수업이라든지 온라인 회의에서 이런 기술을 이미 경험해 보신 분도 있겠습니다. 가상 현실의 발전은 현실의 여러 제약으로부터 자유로워지는 것을 의미하는데 아주 적은 비용으로도 큰 경제적 효과를 기대해 볼 수 있습니다. 예컨대 밖으로 나가지 않고도 박물관이나 미술관 같은 여러 장소를 경험할 수 있고, 아주 멀리에 있는 사람들과도 가상 서비스를 통하여 교제하는 것 같은 거죠. 그런데 중요한 점은 이러한 가상 현실을 구현하는 기술 역시 플랫폼에 종속될 수밖에 없다는 겁니다.

진행자: 이렇게 듣고 보니 플랫폼, 인공 지능, 가상 현실의 세 가지 요인이 서로 독립된 것이 아니라 아주 긴밀하게 관련이 되어 있네요. 그리고 그중에서도 플랫폼은 미래 사회에서 현재보다 더 중요한 역할을 담당하게 될 것 같습니다.

14과 <1> 한국의 전통 윤리

Ⅱ. 들어 봅시다

[1]

20대 남녀 세 명이 탄 자율 자동차가 주행 중 갑자기 브레이크가 고장 났습니다. 이때 남성 노인 두 명과 여성 노인 한 명이 신호를 무시하고 횡단보도를 건너고 있었습니다. 자동차 탑승자와 보행자 중 어느 한쪽이 희생될 수밖에 없는 상황에 처했다면 이 상황 밖에 있는 관찰자로서의 여러분은 어느 쪽을 선택하시겠습니까?

이런 곤란한 상황에 빠졌을 때 사람들이 어떤 선택을 하는지에 대해 대규모로 조사한 연구가 있습니다. 미국 엠아이티(MIT) 미디어랩은 앞에서 예를 든 곤란한 상황을 더 다양하게 세분해서 '윤리 기계(Moral Machine)' 프로그램을 만들어 사람들에게 온라인 게임 같은 방식으로 응답하게 했습니다. 233개국의 200만 명 이상이 이 윤리 문제 조사에 참여했습니다. 엠아이티 연구원들이 4천만 개의 데이터를 모아서 분석한 결과, 종교와 윤리적 요소를 기준으로 크게 세 그룹으로 나눌 수 있었다고 합니다. 그중 주로 유교 문화권 나라에 속한 그룹은 타 그룹에 비해서 젊은이보다는 노인을, 탑승자보다 보행자를 구하려는 경향이 두드러지게 나타났다고 합니다.

물론 이 조사에서 유교 문화권 그룹이 다른 두 그룹과 상이한 선택을 한 원인에 대해서는 좀 더 깊이 연구를 해 봐야 하겠지만 명백하게 알 수 있는 사실이 하나 있습니다. 생사가 걸린 다급한 상황에서 선택을 해야 할 때 자신이 속해 있는 사회의 전통 윤리가 개인의 선택에 영향을 준다는 겁니다. 고리타분하다, 시대에 맞지 않다 하면서 전통 윤리를 부정적으로 생각하시는 분들도 적지 않을 듯싶은데요. 최첨단 시대를 살아가고 있는 우리지만 어떻게 행동할 것인가를 선택해야 할 때 전통 윤리만큼 확고한 기준은 없는 것 같습니다.

[2~6]

청취자 여러분 안녕하세요? 아나운서 차영우입니다. 오늘 '깊은 밤 소리 책과 함께'에서는 고전 수필 한 편을 같이 감상하려고 합니다. 글쓴이는 조선 시대 신흠이라는 문신인데요, 한문학에 조예가 깊었고, 시조도 아주 잘 지은 것으로 알려진 인물입니다. 이 시간에 함께할 작품은 '선비 풍습'이라는 제목의 글입니다. 함께 감상해 보시죠.

선비란 탁월한 능력을 지닌 이로, 나라에 유용하게 쓰이기를 기다리는 사람을 말한다. 그래서 선비는 늘 뜻을 높이 세우고 배움을 게을리하지 않고 예절을 밝히며 의롭게 행동한다. 뿐만 아니라 선비는 성품이 훌륭하며 욕심이 없고 부끄러움을 아는 사람이다. 그런데 세상에는 이런 선비가 드물다.

선비로서의 품행을 닦은 사람을 유생이라고 하는데, 둥근 관을 써서 하늘을 본받고 네모난 신을 신어 땅을 본받고 구슬을 몸에 지녀 옥의 단단함을 본받고자 했다. 무슨 일이든지 도, 즉 윤리에 어긋나지 않게 하려고 했다.

선비들 가운데는 거침없는 변론에 빠지기도 하고 예의범절에 매이지 않고 제멋대로 행동하는 자도 있다. 그러나 이들이 궤변을 떠들고 남에게 간섭받기 싫어 할지라도 탐욕스럽거나 세속에 물들지는 않았다. 이것으로 대개 선비의 기풍이 어떤 것인지 알 수 있다.

그런데 요즘 세상에서 선비라고 뽐내는 자들을 보면 과연 어떠한가? 숭상하는 것은 권력이고 힘쓰는 것은 이익과 명예이며 밝게 아는 것은 시대의 유행이다. 자랑스럽게 여기는 것은 겉치레이고 잘하는 것이라고는 경쟁뿐이다. 그들은 권력 있는 자의 문 앞에 서서 그 사람의 취향이 무엇인지 엿보고 그 사람이 무엇을 하려는지 탐색하고 어쩌다가 그 사람이 아는 체라도 해 주면 기뻐서 우쭐댄다.

이런 사람을 선비라고 한다면 눈과 귀가 달린 이 치고 선비가 아닌 사람이 없을 것이고, 이런 사람을 선비가 아니라고 한다면 나라 안을 다 뒤져도 선비는 한 사람도 없을 것이다. 무덤을 파헤치는 도굴꾼이 끼치는 피해는 한 구의 시신에만 그치겠지만, 갓을 쓰고 옷을 차려 입고 권세를 좇는 자가 끼치는 피해는 온 세상에 미칠 것이니 더 볼썽사나운 것이다.

이러한 선비들이 선발되어 나라의 일을 맡기도 한다. 이런 자들은 몸이 귀하게 될수록 욕심이 커지고 지위가 높아질수록 기세가 등등해질 것이다. 이렇게 되면 나라는 자연히 날로 위축될 것이고 임금은 날마다 외로워질 것이다.

작은 시골의 초가집에서 사는 하찮은 사람도 친구를 사귀려 할 때 먼저 그 사람이 어진지 아닌지를 따져 보는 법인데, 하물며 나라 안 모든 사람들이 추하다고 여기는 자를 뽑아서 높은 자리에 앉혀 놓고 중대한 나랏일을 맡겨서야 되겠는가.

선비가 행실을 고치지 않으면 나라가 제대로 다스려질 수 없다. 선비의 행실을 고치려면 정사를 바로잡아야 하는데 정사를 바로잡는 것은 어려운 일이 아니다. 떳떳한 정치를 하면 된다. 떳떳함이란 마땅한 윤리이고 마땅한 윤리는 하늘에서 나온 것이다. 인위적으로 하늘의 이치를 바꾸지만 않는다면 사람의 기강도 바로 설 것이다.

그러면 사람의 기강이란 무엇인가? 그것은 바로 효도와 공손함이다. 효의 도가 서면 백성 모두가 효도하게 되고, 공손함의 도가 서면 백성이 모두 공손하게 된다. 효도하고 공손하면 어진 이를 존경하게 되고, 어진 이를 존경하게 되면 풍속이 아름답게 된다. 아무리 추악한 선비라고 해도 어떻게 임금의 교화를 모른 체하고 떳떳한 도리를 배반하는 사람이 되고자 하겠는가.

여러분, 어떠셨어요? 선비의 윤리가 조선 시대에 가장 높은 신분이었던 선비들에게만 필요했던 걸까요? 400여 년이 지난 오늘날에도 누군가는 마음 깊이 새겨야 하지 않을까 싶습니다.

(출처: 신흠(1566-1628), 상촌집 40권 잡저2, 사습편(士習篇), 한국고전번역원 국역)

15과 <2> 현대 사회와 문화 콘텐츠

Ⅱ. 들어 봅시다

[1]

여자1: 너 맨날 스마트폰 보다가 잠들기 일쑤더니 요즘은 밤마다 뭘 그렇게 쓰고 있어?

여자2: 내가 한동안 인터넷 1인 방송에다가 각종 동영상 콘텐츠며 웹툰까지 가리지 않고 섭렵했잖아. 그러다 보니까 정신적으로 피로도 쌓이고 좀 힘들더라고.

여자1: 그래, 계속 정보가 들어오고 자극을 받게 되면 피곤해질 수 있지. 나도 한창 인터넷에 빠져 있을 때는 자면서도 내가 놓친 좋은 정보나 동영상이 있으면 어쩌나 하고 불안했다니까.

여자2: 너도 그랬구나. 난 요즘 1인 방송 같은 거 볼 때 어떤 생각이 드냐면 저 사람은 저렇게 재주도 많고 유능해서 방송까지 하는데 내 인생은 왜 이렇게 초라한가 하는 생각이 들어. 이런 걸 상대적 박탈감이라고 해야 하나?

여자1: 인터넷을 좀 멀리해야 할 때가 된 거 같긴 하네. 그래서 그런 걸 아예 안 보기로 한 거야?

여자2: 요즘 같은 콘텐츠 시대에 아예 안 볼 수는 없지. 대신 방법을 좀 바꿨어. 너 이런 말 알아? '당신이 소비한 콘텐츠가 당신이 어떤 사람인지를 말해 준다.'

여자1: 아니, 처음 들어 보는데. 그래서 밤마다 뭘 쓰는 건데?

여자2: 오늘 보거나 들은 콘텐츠를 정리하고 그 콘텐츠에 대한 내 생각을 같이 적어 두는 거야. 이렇게 하면 몰랐던 내 취향이나 나한테 도움이 되는 콘텐츠가 뭔지 알 수 있고, 무분별하게 콘텐츠를 보는 습관도 고칠 수 있겠다 싶어서 시작해 봤는데 효과가 좀 있는 거 같아.

[2~6]

앵커: 오늘 '박 기자와 시사 따라잡기' 시간에는 급변하는 콘텐츠 소비 환경과 그에 따른 우리 사회의 변화에 대해 살펴보겠습니다. 오늘도 박주원 기자 나와 주셨습니다. 안녕하세요? 먼저 콘텐츠 소비 형태의 변화부터 살펴볼까요? 구체적으로 어떤 현상이 일어나고 있습니까?

기자: 네, 이제 매일 밤 가족이 거실에 모여 함께 텔레비전을 보던 전형적인 가정의 모습은 찾아보기 어려워졌지요? 각자 자기 공간에서 스마트폰으로 자신이 원하는 동영상을 보는 시간이 자연스러워지고 있는데요. 이런 변화는 지난달 저희 방송사에서 실시한 조사에서도 잘 드러나고 있습니다. 성인 남녀 1,000명을 대상으로 주로 이용하는 콘텐츠 유형이 무엇인지 물었는데 영화, 드라마, 에스엔에스 게시 영상 같은 동영상이라는 응답이 48%로 가장 높은 비율을

차지했습니다. 그리고 만화 콘텐츠가 18%, 글 콘텐츠가 10%로 그 뒤를 이었습니다. 이 중에서 동영상 콘텐츠를 많이 본다고 답한 915명에게 어떤 기기로 동영상 콘텐츠를 보는지 물어봤는데요. 스마트폰이라는 응답이 97%로 압도적으로 많았고, 텔레비전이 67%를 차지했습니다. 중복 응답을 허용했기 때문에 합해서 100%가 넘는 수치가 나오는 점, 참고해서 보시면 되겠습니다. 마지막으로 동영상 콘텐츠를 시청하는 장소로는 집이 91%로 가장 많았으며 다음으로 이동 중, 학교나 직장 순으로 나타났습니다.

앵커: 이렇게 콘텐츠 소비 형태가 달라지게 된 원인에는 어떤 게 있을까요?

기자: 인터넷 통신이 발달하고 스마트폰이 보급된 상황에서 최근 유튜브, 넷플릭스, 웨이브 같은 온라인 동영상 서비스, 즉 오티티(OTT) 플랫폼이 활성화되고 있는 것이 그 원인이라고 할 수 있습니다. 서비스 채널이 다변화되면서 꼭 텔레비전이 아니어도 질 좋고 다양한 콘텐츠를 자신이 원하는 시간에 원하는 방식으로 접할 수 있는 여건이 만들어진 것이죠. 넷플릭스의 경우 올해 이용자의 신용카드 결제 금액이 500억 원을 돌파하면서 역대 최대치를 갈아 치웠는데요. 이것은 전년 대비 두 배 이상 증가한 수치로 이제 온라인 동영상 서비스는 미디어 산업의 대세로 자리 잡고 있다고 해도 과언이 아닙니다.

앵커: 이렇게 인터넷 통신을 이용한 신규 미디어가 성장하는 동안 지상파 방송과 같은 기존의 전통 미디어는 성장이 급격히 둔화되고 있지요? 저희 방송사도 이런 현실을 피할 수 없게 되지 않았습니까? 급변하는 시대에 전통 미디어는 과연 어떤 대응 전략을 마련하고 있는지요?

기자: 상황이 이렇게 되니까 전통 미디어 방송사는 온라인 동영상 서비스 플랫폼에 자사 콘텐츠를 본격적으로 제공하기 시작했습니다. 현재 '진달래꽃 필 때', '외과 의사'처럼 텔레비전에서 방영됐거나 방영 중인 드라마가 넷플릭스를 통해 국내외에 유통되면서 국내뿐 아니라 외국에서도 인기를 끌고 있는데요. 이는 경쟁보다는 공존과 협업을 선택한 전략이라고 볼 수 있겠죠. 저희 방송사 또한 그렇고요, 각 방송사마다 자체 온라인 영상 제작 스튜디오를 갖추는가 하면, 웹 드라마를 제작하는 등 인터넷을 통한 영상 콘텐츠 제공에도 박차를 가하고 있습니다.

앵커: 정부의 발 빠른 정책 마련도 중요할 것 같은데요. 어떻습니까?

기자: 안 그래도 얼마 전 정부는 '디지털 미디어 생태계의 발전 방안'을 발표했습니다. 그 내용을 간단히 살펴보면 플랫폼에 대한 규제 완화, 그리고 창의적 콘텐츠의 제작을 활성화하기 위한 1인 미디어 창작자 지원 이 두 가지로 요약되는데요. 이번 방안은 미디어 생태계의 긍정적 변화를 촉진할 종합적 전략이라는 평을 듣고 있습니다. 하지만 상당 부분이 온라인 동영상 콘텐츠 진흥에 초점이 맞춰져 있고 전통 미디어 콘텐츠를 활성화시키는 방안은 거의 포함되지 않았다는 점은 아쉬운 부분으로 남습니다.

앵커: 앞에서 말씀하셨다시피 이미 온라인 동영상 서비스가 대세가 되어 가는 상황에서 전통 미디어를 활성화시키는 일이 중요한 이유는 뭘까요?

기자: 전통 미디어는 전통 미디어 나름의 중요한 역할을 담당하고 있습니다. 먼저 새로운 미디어 환경에 대한 적응이 쉽지 않은 계층이 정보로부터 소외되는 일을 막아 줍니다. 실제로 방송계에서는 중장년층을 대상으로 하는 교양이나 예능 프로그램이 증가하는 추세죠. 또한 온라인 동영상 서비스 플랫폼이 성공하려면 최대한 많은 이용자를 끌어들여 지속적으로 이용하도록 만들어야 합니다. 그렇게 하려면 경쟁력 있는 고품질 콘텐츠를 안정적으로 확보해야 하는데요. 지상파를 포함한 전통 방송 채널이야말로 전문적인 생산 체제를 갖추고 다량으로 고품질 콘텐츠를 생산해 온 매체입니다. 이런 점에서 앞으로 미디어 산업 분야에서는 전통 미디어의 지속적인 성장과 신규 미디어의 활성화가 균형을 이루어야 한다고 봅니다.

16과 <2> 분단과 통일

II. 들어 봅시다

[1]

존경하는 남과 북의 국민 여러분, 재외 동포 여러분, 김 위원장과 나는 평화를 바라는 8천만 겨레의 염원으로 역사적인 만남을 갖고 귀중한 합의를 이뤘습니다. 한반도에 더 이상 전쟁은 없을 것이며 새로운 평화의 시대가 열리고 있음을 함께 선언하는 바입니다. 긴 세월 동안 분단의 아픔과 서러움 속에서도 끝내 극복할 수 있다고 믿었기에 우리는 이 자리에 설 수 있었습니다.

오늘 김 위원장과 나는 완전한 비핵화를 통해 핵 없는 한반도를 실현하는 것이 우리의 공동 목표라는 것을 확인했습니다. 북측이 먼저 취한 핵 동결 조치들은 대단히 중요한 의미를 가지고 있습니다. 앞으로 완전한 비핵화를 위해 남과 북이 더욱 긴밀히 협력해 나가겠습니다.

우리는 또한 종전 선언과 평화 협정을 통해 한반도의 불안정한 정전 체제를 종식시키고, 항구적인 평화 체제를 구축해 나가기로 합의했습니다. 한반도를 둘러싼 국제 질서를 근본적으로 바꿀 수 있는 매우 중요한 합의입니다. 이제 우리가 사는 땅, 하늘, 바다, 어디에서도 서로에 대한 일체의 적대 행위를 하지 않을 것입니다. 한반도를 가로지르고 있는 비무장 지대는 실질적인 평화 지대가 될 것입니다.

존경하는 남북의 국민 여러분과 재외 동포 여러분, 이제 남과 북의 당국자들은 긴밀히 대화하고 협력할 것입니다. 민족적 화해와 단합을 위해 각계각층의 다양한 교류와 협력을 즉시 진행할 것입니다. 더 늦기 전에 이산가족들의 만남이 시작될 것입니다. 남과 북의 당국자가 상주하는 남북 공동 연락 사무소를 개성에 설치하기로 한 것도 매우 중요한 합의입니다.

오늘 남과 북은 한반도의 비핵화와 항구적 평화, 민족 공동 번영과 통일의 길로 향하는 흔들리지 않는 이정표를 세웠습니다. 김 위원장의 통 큰 결단으로 남북 국민들과 세계에 좋은 선물을 드릴 수 있게 되었습니다. 대담하고 용기 있는 결정을 내려 준 김 위원장에게 박수를 보냅니다.

[2~6]

사회자: 여러분 안녕하십니까? 이번 모의 남북 회담 사회를 맡은 남북 회담 본부의 윤수경입니다. 1950년 한국 전쟁 이후 남과 북의 교류가 단절되었다가 1971년 남과 북이 대화를 시작한 후 어느덧 반세기가 흘렀습니다. 남북 대화 50주년을 맞아 오늘 이곳 남북 회담 본부에서 대학생 모의 남북 회담을 개최하게 된 것을 매우 뜻깊게 생각하고, 참여해 주신 대학생 여러분께 진심으로 감사의 마음을 전합니다. 오늘 모의 회담에 참석해 주신 분들은 실제로는 모두 남한의 대학생들이지만 절반은 남한의 대표자로서, 절반은 북한의 대표자로서 회담에 임해 주실 겁니다. 모의 상황이기는 하지만 실전처럼 최선을 다해 주시리라 믿습니다. 오늘 모의 남북 회담은 먼저 '정치와 군사', 그 다음으로 '경제', 마지막으로 '인도적 협력' 이렇게 세 분야로 나누어서 차례로 이야기를 해 가도록 하겠습니다. 그럼 먼저 '정치와 군사' 분야부터 시작하겠습니다. 남측 대표부터 의견을 말씀해 주시죠.

남측 대표1: 안녕하십니까? 남측 수석 대표 강민국입니다. 지금 한반도에서 제일 시급한 건 종전 선언이라고 볼 수 있습니다. 현재의 정전 협정은 전쟁이 끝났음을 보증하는 것이 아니라 언제라도 전쟁이 다시 일어날 수 있는 위험성을 안고 있는 협정이라고 해석할 수도 있기 때문입니다. 한국 전쟁이 완전히 끝났음을 전 세계에 공식적으로 알리고 한반도에 평화를 구축하는 것이 남과 북이 최우선적으로 해야 할 일이라고 생각합니다.

북측 대표1: 북측 수석 대표 박길남입니다. 북남 간의 종전 선언은 한 번은 짚고 넘어가야 할 문제이기는 합니다. 그렇지만 종전을 선언한다고 해도 종전을 가로막는 큰 걸림돌인 대북 제재가 남아 있는 한 종전 선언은 허상에 불과합니다. 북남 사이의 불신과 대결의 불씨가 되는 요인들을 그대로 두고서는 종전을 선언한다 해도 적대적인 행위들이 계속될 것이고 그로 인해서 여러 가지 충돌이 재발될 가능성이 높습니다. 따라서 종전을 선언하기에 앞서 북남은 상호 존중을 보장하고 불공정한 정책들부터 철회해야 하지 않겠습니까?

남측 대표2: 남측 대표 장경화입니다. 정치적 선언에 그치지 않고 실질적인 종전 선언을 하기 위해서는 남북 간의 신뢰가 바탕이 되어야 한다는 말씀에 전적으로 동의하는 바입니다. 서로 간의 불신을 해소하기 위해서는 상대에게 위협이 되는 요소들부터 감소시켜 나가야 할 텐데 구체적인 방법에 대해서는 논의가 더 필요하다고 봅니다.

사회자: 네, 종전 선언이라는 큰 과제를 두고 남북 양측의 입장을 들어 봤습니다. 종전 선언이 이루어져야 한다는 데는 양측의 의견이 일치하지만, 선언의 의미나 절차에 대해서는 이견이 있어서 조율할 시간이 더 필요할 것 같습니다. 그럼 다음으로 '경제' 분야에 대해 이야기를 나눠 보도록 하겠습니다. 이번에는 북측부터 말씀해 주시기 바랍니다.

북측 대표2: 북측 대표 박여진입니다. 그동안 북남 경제 협력은 금강산 관광 사업이라든가 개성 공단 가동과 같은 대기업의 투자나 중소기업 간 협업 형태로 이루어져 왔습니다. 그리고 그 같은 협력의 결과로 북과 남 양측 모두가 경제적으로 이득을 본 것도 사실입니다. 그런데 문제는 경제적인 요소 외에 정치적, 사회적으로 마찰이 생기면 제일 먼저 경제 협력부터 중단되고 사업장은 폐쇄돼 버린다는 겁니다. 이런 비극적인 결말로 인해 북과 남 모두 크나큰 손실을 입었다는 건 가슴 아픈 일이 아닐 수 없습니다. 이런 실패의 재발을 막으려면 어떠한 변수에도 흔들리지 않도록 굳건한 경제 협력 체제를 갖추어야 합니다.

남측 대표3: 남측 대표 이준호입니다. 박 대표님의 의견에 남측도 동의합니다. 성공적인 경제 협력을 이루어 내기 위해서는 새로운 협력 모델, 다시 말해 상호 의존도가 높은 협력 방식을 찾아야 할 겁니다. 남북한 간에 경제 협력이 순조롭게 진행된다면 이는 경제적 번영을 가져올 뿐만 아니라 통일을 위한 확고한 물질적 토대를 마련할 수도 있을 겁니다. 남한과 북한의 경제 모두에 시너지를 낼 수 있는 최적의 협력 모델을 찾아내는 것이 급선무인 것 같습니다.

북측 대표3: 북측 대표 송형철입니다. 민족 경제의 균형적인 발전과 민족 공동의 번영을 추구하기 위해서는 북남 간 끊어진 동해선과 서해선 철도 연결 사업도 빠른 시일 내에 재개해야 합니다. 우선 북한의 나진에서부터 남한의 부산까지 연결되는 동해선이 개통되면 양측 경제 교류에 속도가 붙을 것이고 중국, 몽골, 러시아, 유럽의 철도망까지 이어지게 되면 국제적으로 한층 더 경쟁력을 가지게 될 겁니다.

남측 대표2: 남측에서는 2018년 판문점 선언에 따라 이미 올해 초에 남북 철도의 유일한 단절 구간이었던 강릉에서부터 제진까지를 연결하는 사업을 시작했습니다. 2027년 개통을 목표로 추진 중인데 제진역은 이후에 북한의 감호역과 연결될 것입니다. 남과 북이 하나로 이어지는 동해선의 완공은 남북 경제 협력을 뛰어넘어 동북 아시아 경제 협력의 기반이 될 것으로 기대가 됩니다.

사회자: 네, 지금까지 남북 경제 협력에 대해서 양측의 의견을 들어 봤습니다. 성공적인 경제 협력을 이끌어 내기 위해서는 새로운 협력 방식이 필요하다는 말씀과 함께 한반도의 경제적 번영을 위해서 남북 철도를 연결하는 사업의 실천도 중요하다는 말씀들 해 주셨습니다.

이제 마지막으로 '인도적 협력' 분야에 대해서 이야기를 나눠 보겠습니다. 이 분야에서는 이산가족 문제를 빼놓을 수 없겠지요?

15~16과 <복습>

앵커: 경기도 파주 통일대교 북쪽, 민간인의 출입이 통제되는 민통선 안에는 통일촌이라는 작은 마을이 있습니다. 올해로 조성된 지 50년을 맞은 이곳은 전쟁과 분단의 상처를 딛고 희망찬 미래를 준비하는 공간으로 변화하고 있다고 합니다. 김주홍 기자입니다.

기자: 집집마다 태극기가 걸려 있고 담장이나 대문은 찾아볼 수 없는 통일촌의 풍경은 여느 시골 마을과 좀 다릅니다. 저 멀리로는 인공기가 휘날리는 북한의 기정동 마을과 송악산이 보입니다. 남한과 북한 사이의 체제 경쟁이 치열했던 1973년, 정부는 북한에 대한 남한 체제 선전을 목적으로 통일촌을 조성했고, 제대 군인과 실향민 여든 세대가 이곳에 들어와 삶의 터전을 일궜습니다. 당시에 입주해서 현재까지 통일촌에 거주 중인 박옥자 씨의 이야기를 들어 보겠습니다.

통일촌 주민: 옛날에는 가로등도 제대로 없었고 북한이 가까우니까 해가 지면 밖에 나가기가 무서웠죠. 북한에서 하는 대남 방송도 많이 들리고.

기자: 하지만 반세기가 흐르면서 이 마을도 조금씩 개방되기 시작했고, 지금은 연간 600여 명의 관광객이 찾는 관광지가 되었습니다. 인구도 늘어서 174세대, 415명이 살고 있습니다. 제 뒤로 보이는 군내 초등학교는 이 마을의 유일한 학교입니다. 한때 학생 수가 감소하면서 폐교 위기를 겪기도 했지만 주민들의 노력으로 전교생 마흔 명의 작지만 활기찬 학교로 역사를 이어 가고 있습니다. 깨끗한 자연 환경 속에서 자유롭게 공부할 수 있다는 소문이 나면서 요즘은 다른 동네 학생들도 찾아온다고 합니다. 최근 통일촌 주민들은 마을의 오래된 창고를 개조해서 외부와 적극적으로 소통하고 교류하는 커뮤니티 센터를 만들었습니다. 이곳에서 비슷한 역사를 가진 해외 마을과 교류하고, 접경지 마을의 특성과 문화를 많은 사람이 공유할 수 있는 방법을 모색하기도 합니다. 얼마 전부터는 작가들도 합류해서 예술을 통해 통일촌의 문화를 알리는 작업을 시작했습니다. 통일촌은 이렇게 과거의 상처를 넘어서 새로운 미래를 맞이하기 위한 공간으로 탈바꿈하고 있습니다. YBC 김주홍입니다.

17과 <2> 환경 문제와 자원

II. 들어 봅시다

[1]

앵커: 오늘 끝으로 전해 드릴 소식은 지구촌에 대한 중요한 경고가 아닐까 싶습니다.

기자: 네, 맞습니다. 7월 29일, 오늘은 올해의 지구 생태 용량 초과의 날입니다. 지구 생태 용량 초과의 날은 국제 환경 단체인 '글로벌 생태 발자국 네트워크'가 1986년부터 발표해 왔습니다. 인류가 자원을 사용한 양과 배출한 폐기물 규모가 지구의 생산 능력과 자정 능력을 초과한 날을 계산해서 발표하는 겁니다. 쉽게 말하면 오늘은 세계인이 올 1년 동안 사용할 수 있는 지구 생태 자원을 다 써 버린 날입니다. 내일부터 앞으로 5개월간 세계는 내년에 써야 할 지구 자원을 당겨 써야 한다는 의미이기도 합니다.

국가별로 인구 밀집도와 보유 자원 그리고 에너지 소비량에 따라 각 나라의 생태 용량 초과의 날은 큰 차이가 납니다. 올해의 경우 미국은 4월 5일, 한국은 4월 10일, 브라질은 7월 30일에 쓸 수 있는 자원이 바닥났습니다. 이 지구 생태 용량 초과의 날은 해마다 바뀌는데요. 자원을 많이 쓴 해에는 이날이 앞당겨지게 되는 원리입니다. 올해 지구 생태 용량 초과의 날은 30년 전보다 두 달 이상 빨라졌다고 하니까 문제의 심각성이 그대로 느껴집니다.

현재 인류는 지구의 생태계가 재생할 수 있는 것보다 74% 더 많은 자원을 사용하고 있다고 합니다. 마치 1.7개의 지구가 있는 것처럼 자원을 소비하고 있는 거죠. 하지만 지속 가능하지 않은 이런 소비는 멈춰야 합니다. 전 세계가 자동차 운행을 1/3 줄이면 지구 생태 용량 초과의 날을 11.5일 늦출 수 있고, 음식물 쓰레기를 절반으로 줄이면 10일, 고기 섭취를 절반으로 줄이면 15일 늦출 수 있다고 합니다. 우리 한 사람 한 사람 일상의 선택과 결정으로 변화를 일으킬 수 있다는 겁니다. 각자 소비를 줄이고 지구 자원을 덜 쓰는 생활을 실천해야겠습니다.

[2~6]

앵커: 어느 날 갑자기 석유가 사라진다면 우리 삶은 어떻게 될까요? 우리가 타고 다니는 자동차와 비행기가 멈추는 것은 물론 마트에 가서 물건도 제대로 살 수 없을 겁니다. 우리가 쓰는 대부분의 물건이 공장에서 기계로 만들어지는데 기계들은 석유를 연료로 작동하기 때문입니다. 실제로 석탄, 석유, 천연가스 같은 화석 연료는 매장량이 한정되어 있기 때문에 언제든지 고갈될 위험이 있습니다. 또 화석 연료는 대기 오염과 지구 온난화를 비롯한 여러 가지 환경 오염 문제를 일으키는 주범입니다. 이런 상황에서 국내에서도 환경친화적이고 동시에 고갈될 염려가 없는 신재생 에너지가 미래 에너지로 주목을 받고 있습니다. 관련 현장 연결해서 소식을 전해 듣겠습니다.

기자1: 저는 지금 국내 최대 규모의 수상 태양광 발전소에 나와 있습니다. 보시다시피 태양광을 모아 주는 태양광 패널들이 물 위에 떠 있는데요. 이곳에서는 현재 연간 천여 가구에 공급할 수 있는 전력이 생산되고 있습니다. 이는 육상 태양광 발전소보다 10% 높은 발전 효율이라고 합니다. 게다가 한국의 경우 국토 면적이 협소하고 산이 많아서 육상에 발전소를 조성할 경우 산림 훼손이 불가피한데 수상 태양광 발전은 이러한 환경 문제도 피할 수 있어서 주목받고 있는 기술 분야라고 합니다.

앵커: 태양열과 태양광은 대표적인 재생 에너지인데 앞으로

더 다양한 형태로 활용할 수 있게 되기를 기대해 봅니다. 다음은 바이오 에너지 연구 시설에 나가 있는 조아연 기자를 연결해 보겠습니다.

기자2: 여기는 환경 오염의 주범인 음식물 쓰레기, 가축 분뇨 같은 각종 유기성 폐기물에서 에너지를 뽑아내는 바이오 에너지 연구 시설입니다. 이곳에서는 각종 유기성 폐기물들이 미생물의 분해 작용을 거쳐서 메탄가스로 전환됩니다. 이게 도시가스와 같은 고효율 가스로 정제되는데 이렇게 만들어진 바이오 가스는 산업용과 가정용 연료로 공급되거나 열병합 발전용 연료로 쓰이게 됩니다. 그리고 바이오 가스를 뽑아내고 남은 물질로는 유기질 비료를 만들어서 작물 재배에 활용할 수 있다고 합니다. 친환경적으로 폐자원을 처리하고 화학 비료의 사용과 연료비를 줄이면서 환경 문제까지 해결할 수 있는 방법입니다.

앵커: 폐자원이 에너지원이 되다니 기술력이 대단합니다. 한국은 기름 한 방울 나지 않아서 에너지 수입률이 96.5%에 달하는 나라입니다. 각종 기술을 개발하고 있지만 생산 효율이 떨어진다는 이유로 아직까지 신재생 에너지의 국내 활용도는 그리 높지 않고요. 하지만 국제 에너지 기구는 전 세계의 신재생 에너지 비중이 2050년에는 77%가 될 것으로 전망했습니다. 한국이 차세대 에너지 산업에 더욱 관심을 갖고 주력해야 하는 이유입니다.

17~18과 <복습>

발표자: 여러분, 저는 오늘 환경의 날을 맞아 여러분에게 연안 생태계의 가치와 보호의 필요성에 대해 말씀드리고자 합니다.

여러분도 작은 빙하에 의지한 채 바다를 떠다니는 북극곰의 영상이나 사진을 본 적이 있을 겁니다. 우리는 그런 북극곰의 사진을 볼 때면 모두 마음 아파합니다. 북극곰이 서식지를 잃어 가는 이유가 무엇입니까? 여러분도 아시다시피 이산화 탄소 때문입니다. 우리가 배출하는 이산화 탄소의 양이 지구가 감당할 수 있는 정도를 넘어섰기 때문에 지구 또한 아파하고 있습니다.

이러한 상황에 안타깝게도 한국의 이산화 탄소 배출량은 다른 선진국들에 비해 아직도 높은 수준입니다. 그동안 이산화 탄소를 줄이려고 여러 가지 제도도 시행하고 이산화 탄소의 흡수를 위해서 산림 조성에도 힘써 왔습니다. 그런데 우리가 놓치고 있는 부분이 있습니다. 바로 연안 생태계가 이산화 탄소 흡수에 큰 역할을 할 수 있다는 사실입니다.

연안은 갯벌로 이루어져 있고 또 연안 생태계에는 소금기가 많은 환경에서 자라는 염생 식물과 각종 식물성 플랑크톤이 살고 있는데, 이들 갯벌과 염생 식물, 식물성 플랑크톤이 산림보다 이산화 탄소 흡수를 월등히 잘한다는 겁니다. 실제로 올해 환경부 조사 결과에 따르면 갯벌이 산림보다 약 37% 이산화 탄소를 더 잘 흡수하고 그 속도 또한 수십 배 빠르다고 합니다. 그리고 연안 생태계는 탄소를 저장하는 데 있어서도 산림보다 효과적입니다. 산림은 탄소를 수백 년 저장하는 데 그치지만 연안 생태계는 수천 년 동안 저장할 수 있다고 합니다.

바다 주변에 인공 시설을 만들고 건설 공사를 위해 바닷모래를 퍼내고, 이 시간에도 우리는 해안 생태계를 파괴하는 일을 계속하고 있습니다. 인간의 편의를 위해서만 우리의 환경을 이용한다면 북극곰의 눈물은 이제 곧 우리의 눈물이 될 것입니다.

20과 <2> 융합의 시대

II. 들어 봅시다

[1]

앵커: 서울시 자연 과학 교육원은 교육부와 함께 다음 달 10일과 17일에 "초·중등학교 융합 수학 캠프"를 운영한다고 밝혔습니다. 중학교 과정을 바탕으로 한 이 캠프에서는 '수학으로 바라보는 자연'과 '귀로 듣는 수학 원리' 등 다양한 수학 관련 프로그램을 준비하고 있습니다. 동식물의 모습에 담긴 수학의 원리를 배운다든가 음악으로 수학 원리를 체감하며 일상생활 곳곳에서 수학과 융합된 활동을 직접 해보게 하려는 것입니다. 수학에 대한 학생들의 흥미를 유발하고 이해를 돕겠다는 목적으로 기획된 이 캠프는 다채롭고 재미있는 수업을 위한 여러 체험 활동을 준비하고 있습니다.

특히 이번 프로그램은 캠프 활동 후 학생들이 집으로 돌아가서 배운 것을 활용해 볼 만한 과제를 온라인 시스템을 통해 제공합니다. 교육부는 이번 캠프의 성취도 및 만족도에 따라 점진적으로 정규 교육에 동일한 시스템을 도입할 계획입니다.

캠프의 전체적인 프로그램을 설계한 신태진 박사는 이제 학습 콘텐츠는 학생들의 다양한 재능과 관심에 맞춰 제시되어야 하며, 이를 위해서 학문 영역과 영역 간의 융합은 앞으로 더욱 촉진될 거라고 밝혔습니다. 이번 캠프는 서울시에 소재한 초등학생과 중학생을 대상으로 진행되며, 캠프에 참여를 원하는 학생들은 자연 과학 교육원의 홈페이지에서 직접 신청할 수 있습니다. 이 밖에 세부적인 프로그램과 참여비에 대한 안내는 관내 초등학교와 중학교를 통해 전달될 예정이라고 합니다.

[2~6]

학부장: 안녕하십니까? 저는 글로벌 융합 공학부 학부장을 맡고 있는 박수란 교수입니다. 먼저 우리 대학교에서 가장 높은 경쟁률을 자랑하는 글로벌 융합 공학부 식구가 되신 여러분, 모두 진심으로 축하드리고 환영합니다.

여러분 모두 동의하시겠지만 지속 가능한 발전을 위한 가장 핵심적인 요소는 "융합"일 것입니다. 과거와 비교할 수 없이 빠른 속도로 지식이 생성되는 현대 사회에서는 얼마나 많은 지식을 가지고 있느냐만큼 가지고 있는 지식을 응용하고 융합하여 사용할 수 있느냐도 점점 더 중요해지고 있습니다.

이러한 시대의 필요에 발맞춰 우리 대학교가 글로벌 융합 공학부를 창설한 지 올해로 꼭 10년이 됩니다. 지난 10년을 뒤돌아보면 누구도 시도하지 않은 분야를 개척하는 우리 대학에 대해 주변의 많은 우려가 있었습니다. 그럼에도 학교를 신뢰하며 함께 미래를 만들어 나가길 선택해 주신 학생 여러분들 덕분에 우리 학부는 명실상부한 국내 최고 융합 과학의 산실이 되었습니다.

특히 작년은 졸업생들의 활약으로 여러 분야에서 우리 학부의 위상을 실감한 한 해였습니다. 봄에는 학부 첫 졸업생인 이윤아 박사팀의 논문이 세계적인 과학 학술지에 게재되면서 융합 과학 분야에서 본교의 입지를 확인시켜 주었습니다. 또 가을에는 우리 학부를 졸업하고 영화감독으로 활동 중인 박준호 감독의 영화가 국제 영화제에서 큰 상을 휩쓸며 융합형 인재 양성이라는 학부의 취지를 드높였습니다. 박준호 감독의 영화는 한국어로 촬영되었기 때문에 해외 팬들에게는 그 장벽이 높을 법도 한데 그렇게 큰 인기를 끈 것은 영화가 보여 준 창의적인 관점 때문일 것입니다. 저는 이 창의성이 바로 우리 글로벌 융합 공학부의 강점이라고 생각합니다.

신입생 여러분, 하지만 여러분은 그러한 선배들을 자랑스러워하시되 꼭 그들과 같은 길을 걸어야 한다는 생각은 버리세요. 우리 대학교는 그 무엇보다도 창의적인 인재 양성을 지향합니다. 그리고 본교 내에서도 글로벌 융합 공학부는 학교의 이러한 이념을 가장 잘 반영하고 있는 곳이기도 합니다. 앞으로는 여러분의 질문하는 방식이 바뀌어야 하고, 질문에 답을 찾아가는 방법 또한 달라져야 할 것입니다. 저는 여러분이 스스로 답을 찾는 사람이 되길 바랍니다. 대학은 스스로 답을 찾는 곳입니다. 여러분 중 다수는 하나의 질문에 유일한 정답을 요구하는 교육에 익숙해져 있을지 모릅니다. 하지만 이제는 그러한 습관을 버리고 무엇이 옳은지 스스로 알아내십시오. 또한 왜 그렇게 생각하는지 설명할 수도 있어야 합니다. 우리 학부는 학제 간 융복합 교육을 통해 여러분이 스스로 해답을 찾아가는 능력을 길러 줄 것입니다. 이것이 우리가 여러분에게 줄 수 있는 가장 큰 가르침이라 믿습니다.

미래는 창의적이고 융합적인 지혜를 갖춘 여러분의 시대가 될 것입니다. 지난 10년이 우리 글로벌 융합 공학부의 기반을 다지는 시기였다면, 여러분이 열게 될 또 다른 10년은 우리 학부가 더욱 크게 도약해 나가는 시기가 될 것입니다. 시대를 이끄는 융합적 지식과 창의성을 갖추게 될 신입생 여러분을 다시 한번 진심으로 환영합니다.

모범 답안

11-1 세계의 유산

1. 1) 축조 기술
   2) 습기를
   3) 미적
2. ②
3. 1) 돌과 돌 사이에 틈을 만들어 통풍이 잘 되도록 하였다.
   2) 석굴암 바닥에 차가운 물이 흐르도록 했다.
4. ③

11-2 전통의 재창조

1. ④
2. 퓨전 판소리
3. ②
4. ③
5. ②
6. 1) 익숙함과
   2) 낯섦

12-1 한국의 기후

1. ②
2.

계절	특징	계절	특징
봄	꽃샘추위, 만물의 소생	가을	청명한 날씨, 풍요의 계절
여름	열대야, 찜통더위	겨울	동장군, 삼한 사온

3. ④
4. ③

12-2 기후 변화

1. 1) 벌레 떼(진딧물)
   2) 산불과
   3) 폭설
   4) 폭염
   5) 온난화
2. ②
3. ③
4. ④
5. ②
6. 1) 해수면
   2) 급감
   3) 난민
   4) 안보 문제

◆ 복습 (11~12과)

1. ③
2. 생략

13-1 현대 사회와 인간

1. ④
2. ③
3. ④
4. ②

13-2 미래 사회의 모습

1. ③
2. ③
3. ③
4. ④
5. 플랫폼, 인공 지능, 가상 현실
6. ②

14-1 한국의 전통 윤리

1. ②
2. ④
3. 1) 탁월한 능력을 2) 뜻을 3) 배움을
   4) 예절을 5) 의롭
4. ④
5. ③
6. ④

14-2 현대인의 가치관

1. ③
2. ④
3. 1) 기본적인 법을 2) 근로 계약서를
   3) 주 52시간 근무 4) 최저 임금 및 주휴 수당
4. ③

◆ 복습 (13~14과)

1. 투자와 재테크에 적극적임, 일을 통한 성취를 중요하게 여김, 새로운 직업관을 가짐, 스스로를 아끼고 지키려고 함.
2. 생략

15-1 창조와 예술

1.

1) 첫 번째 단락	비디오 아트의 창시자 백남준
2) 두 번째 단락	예술 활동 초기의 행위 음악
3) 세 번째 단락	미술가로 활동하게 된 계기
4) 네 번째 단락	뉴욕에서의 비디오 아트 활동
5) 다섯 번째 단락	부인 구보타 시게코와 백남준의 사랑

2. ④
3. ④ → ② → ⑤ → ① → ③
4. 1) 통신 기술을
   2) 양방향
   3) 전 세계인이

15-2 현대 사회와 문화 콘텐츠

1. ③
2. 1) 콘텐츠 소비 환경과
   2) (우리) 사회의 변화
3. ① → ③ → ⑤ → ④ → ②
4. 1) ③ 2) ④ 3) ① 4) ②
5. ③
6. ②, ④

16-1 언어의 이질성

1. 1) 영어를 기반으로 한 외래어
   2) 줄임말
   3) 북한에 없는 말
   4) 언어 차이
   5) 의사소통 방식의 차이
2. ②
3. ④
4.

탈북민	남한 사람
• 듣는 사람의 입장을 고려해서 가능하면 부드럽게 이야기해야 한다.	• 말의 의미를 정확하게 전하도록 노력해야 한다.

16-2 분단과 통일

1. ④
2. ①
3.
   1) 정치·군사 — 종전 선언
   2) 경제 — 남북 철도 연결
   3) 인도적 협력 — 이산가족 문제
4. ③
5. 남북 간 상호 의존도가 높은 새로운 협력 방식을 찾아야 한다.
6. ④

◆ 복습 (15~16과)

1. ②
2. ③
3. 1) 역사를
   2) 해외 마을과
   3) 특성과
   4) 문화를

17-1 환경 오염과 보호

1. 1) 생활 수칙
   2) 절전
   3) 단열재
   4) 채식
   5) 10분
2. ①
3. ①
4. 1) 탄소 배출
   2) 기후 재앙으로

17-2 환경 문제와 자원

1. ②
2. 1) 수상
   2) 전력
   3) 효율이
   4) 산림
   5) 바이오 가스
   6) 친환경적으로
   7) 화학
3. ①
4. ④
5. ①
6. 1) 대기 오염과
   2) 지구 온난화를
   3) 환경 오염

18-1 한국 문학의 이해

1. 1) 수필
   2) 6.25 전쟁
   3) 서울
2. ③
3. 2) 안도, 감동, 기쁨, 반가움, 미안함, 안타까움 등
   3) 슬픔, 연민, 미안함, 안타까움 등
   4) 걱정, 불안, 공포 등
4. ②

18-2 한국 미술의 이해

1. 1) 문인화가
   2) 윤두서
   3) 김홍도, 김득신, 신윤복
   4) 에스엔에스 사진첩
2. ④
3. 1) 오늘날의 생활상과
   2) 오늘날의 시대정신이

4. ④

◆ 복습 (17~18과)

1. ④
2. ①
3. 생략

19-1 세계 속의 기업

1. 1) 정의
   2) 탄생 배경
   3) 성장 과정
   4) 긍정적인 영향
   5) 부정적인 영향
2.

평가	비판
현지국 고용 사정 개선	자본 부족으로 국내 기업 도산
현지에 선진 기술 도입	핵심 기술은 이전하지 않아
현지 기업 경쟁력 향상	일시적 투자 효과
현지 국가에 자본 제공	이전이 쉬워서 일자리도 쉽게 잃어

3. ④
4. 1) 전국적
   2) 자회사
   3) 공장

19-2 무역 협정과 세계

1. 1) 자발적
   2) 양방
   3) 교환
   4) 경쟁력이
   5) 구성원으로
2.

	재원 마련 과정에서 형평성의 문제가 발생할 수 있다.
1) 직접적 보상	
	자유 무역으로 경제가 성장하여 그 혜택이 전 국민에게 돌아갈 것이다.
	자유 무역으로 인한 득실이 없는 사람들은 세금 인상을 반대할 것이다.
2) 간접적 보상	
	자유 무역 협정으로 혜택을 받은 사람들이 1차적 수혜자가 될 가능성이 높다.

3. ②
4. ①

20-1 첨단 과학과 생활

1. 미래의 일상생활
2. ④
3. ③
4. 1) 환경 오염이
   2) 광속
   3) 크기를
   4) 건강 정보를
   5) 영양소를
   6) 열량을
   7) 인공 신체 수술이

20-2 융합의 시대

1. ③
2. ③
3. ③
4. ②
5. 1) X 2) X
6. ④

◆ 복습 (19~20과)

1. ①
2. 생략

색인

어휘 색인

ㅇ

참고 자료

과/항	구분	상세 사항
11과 1항	참고 자료	박순표, YTN 사이언스 [궁금한S] "현대에서도 깜짝 놀라는 석굴암과 불국사의 과학", 2021.06.04.
11과 1항	참고 자료	이재원, 파이낸셜뉴스, "석굴암 1천년 신비 수리·과학의 산물", 2007.12.23.
11과 1항	참고 자료	김채한 전 달성문화재단대표이사, 영남일보, [김채한의 사람과 선(線)] 석굴암 지고의 선(禪·線)... 신라 석공들이 23년간 완벽하게 구현한 부처님의 세계, 2021.09.17.
11과 1항	참고 자료	http://seokguram.org
11과 2항	참고 자료	이종운, Yakup.com, 「〈특별인터뷰〉2020년 최고의 음악밴드 '이날치'」, 2021.12.29.
11과 2항	참고 자료	한재원, 「[음악]판소리 신드롬 이날치밴드 '조선 힙합'」, 『월간 샘터』, 샘터사, 2021.1, 95-95
11과 2항	참고 자료	노컷뉴스, [인터뷰]이날치밴드 "꿈이요? 살아남는 팀 되고파요", 2020.11.06., CBS 김현정의 뉴스쇼(대담)
13과 1항	출처	넷플릭스, [무브 투 헤븐], 6화 (일부 재구성)
13과 2항	참고 자료	이성규, 「30년후 미래사회는 어떤 모습?」, [사이언스타임즈 라운지], 2016.4.21
13과 2항	참고 자료	유기윤 외 2, 『2050 미래 사회 보고서』, 라온북, 2017.10.13
14과 1항	참고 사이트	모럴 머신 사이트 https://www.moralmachine.net/hl/kr
14과 1항	출처	신흠, 「사습편(士習篇)」, 『상촌집』 40권 잡저2, 한국고전번역원, 1630 (일부 재구성)
14과 2항	출처	김민현 외, 「남의 시선에서 벗어나 나를 찾아가는 방법」, 『연세 춘추』, 2021. 11. 29. (일부 재구성) http://chunchu.yonsei.ac.kr/news/articleView.html?idxno=28501
16과 1항	출처	남북하나재단, 사회통합교육 영상, 「[남북소통]의사소통 차이에서 오는 갈등」, 2021. 12. 22. (일부 재구성) https://www.koreahana.or.kr/home/kor/board.do?ptSignature=QnrvtOekxiP-klgsn74dfsf4aMYt9cld5DmlfmZ7e98hJ4UfoQvc73ZeZIlxTA4McNIDUUNkn3wb0VBOD-61F8xhsbE5CQYVPV1ilKj4Nx6jjv3Wukg2s5RMvp3zHWsolh&menuPos=99&act=de-tail&idx=407&searchValue1=0&searchKeyword=&pageIndex=1
16과 2항	출처	통일부 남북회담본부, 「한반도의평화와 번영, 통일을 위한 판문점 선언」 공동 발표문(남측) , 2018. 4. 27. (일부 재구성)
16과 2항	참고 사이트	통일부 UNITV https://www.youtube.com/watch?v=2QQZEzn0NVs 통일부남북회담본부https://dialogue.unikorea.go.kr/ukd/main/userMain/main.do
17과 1항	출처	김병관, 조재호, 연세춘추 2019.11.29, 『[The Y대신 해드립니다] 탄소 발자국 기록장 체험기』 (부분 각색))
18과 1항	출처	최순우, 「바둑이와 나」, 『최순우 전집5(한국 미 산책)』, 학고재, 1992 (일부 재구성)
18과 2항	출처	김서홍, "화폭 위에 시간을 붙잡과 사람을 담았소", 2008. 12. 27 (일부 재구성) http://chunchu.yonsei.ac.kr/news/articleView.html?idxno=13123
17~18과 복습	출처	https://www.nie.re.kr
20과 2항	참고 자료	교육부 2015 개정 교육과정